良渚文明丛书

Liangzhu Civilization Series

朱叶菲 著

良渚遗址考古八十年

Eighty Years of
Archaeology at Liangzhu

ZHEJIANG UNIVERSITY PRESS

浙江大学出版社

图书在版编目（CIP）数据

良渚遗址考古八十年 / 朱叶菲著. —杭州 : 浙江
大学出版社，2019.7（2024.1重印）
　（良渚文明丛书）
　ISBN 978-7-308-19180-7

　Ⅰ. ①良… Ⅱ. ①朱… Ⅲ. ①良渚文化—文化遗址—
研究　Ⅳ. ①K871.134

　中国版本图书馆CIP数据核字（2019）第102553号

良渚遗址考古八十年

朱叶菲　编

出 品 人	鲁东明
策 划 人	陈丽霞
丛书统筹	徐　婵　卢　川
责任编辑	曲　静
责任校对	程曼漫　杨利军
装帧设计	程　晨
排　　版	杭州林智广告有限公司
出版发行	浙江大学出版社
	（杭州市天目山路148号　　邮政编码　310007）
	（网址：http://www.zjupress.com）
印　　刷	浙江省邮电印刷股份有限公司
开　　本	880mm×1230mm　1/32
印　　张	5.75
字　　数	108千
版 印 次	2019年7月第1版　2024年1月第6次印刷
书　　号	ISBN 978-7-308-19180-7
定　　价	58.00元

浙江大学出版社市场运营中心联系方式：0571-88925591；http://zjdxcbs.tmall.com

良渚与中华五千年文明

刘　斌

　　时间与空间真是奇妙的组合，当我们仰望星空，看到浩瀚的宇宙，那些一闪一闪的星星，仿佛恒久不变地镶嵌在天幕中。然而，现代科学告诉我们，光年是距离单位，宇宙深处星星点点射向我们的光线，来自遥远的过去。原来，时空的穿越，不过是俯仰之间。

　　考古，同样是这种俯仰之间的学问，由我们亲手开启的时光之门，将我们带回人类历史中每一个不同的瞬间。而距今 5000 年，就是一个特殊的时间点。

　　放眼世界，5000 年前是个文明诞生的大时代。世界上的几大流域，不约而同地孕育出早期文明，比如尼罗河流域的古埃及文明、两河流域的苏美尔文明、印度河流域的哈拉帕文明。那么，5000 年前的中华文明在哪里？这个问题困扰学界甚久。按照国际上通行的文明标准，城市、文字、青铜器……我们逐一比对，中国的古代文明似乎到出现了甲骨文的商代为止，便再难往前追溯了。

考古学上，我们把文字之前的历史称为"史前"。在中国的史前时代，距今1万年以来，在辽阔版图的不同地理单元中，就开始演绎出各具特色的文化序列。考古学上形象地称之为"满天星斗"。然而，中国的史前时代长久以来被低估了。一直以来，我们都是以夏商为文明探源的出发点，以黄河文明作为中华文明的核心，无形中降低了周围地区那些高规格遗迹遗物的历史地位，比如辽西的红山文化、江汉地区的石家河文化、太湖流域的良渚文化、晋南的陶寺文化、陕北的石峁遗址……随着探源脚步的迈进，我们才渐渐发现，"满天星斗"的文化中，有一些已然闪现出文明的火花。"良渚"就是其中一个特殊的个案。

大约在5300年前的长江下游地区，突然出现了一个尚玉的考古学文化——良渚文化。尽管在它之前，玉器就已广受尊崇，但在此时却达到空前的繁荣。与以往人们喜爱的装饰玉器不同，良渚人的玉器可不仅仅是美观的需要。这些玉器以玉琮为代表，并与钺、璜、璧、冠状饰、三叉形器、牌饰、锥形器、管等组成了玉礼器系统，或象征身份，或象征权力，或象征财富。那些至高无上的人被埋葬在土筑的高台上，配享的玉器种类一应俱全，显示出死者生前无限的尊贵。礼玉上常见刻绘有"神徽"形象，用以表达良渚人的统一信仰。这些玉器的拥有者是良渚的统治阶级，他们相信自己是神的化身，行使着神的旨意，随葬的玉器种类和数量显示出他们不同的等级和职责范围。我们在杭州余杭的反山、瑶山，常州武进的寺墩，江阴的高城墩，上海的福泉山等遗址中，都发现了极高等级的墓群。这就似乎将良渚文化的分布范围分割成不同的统治中心，呈现出小邦林立的局面。然而，历史偏偏给了余杭一个机会，在反山遗址的周围，越来越多的良渚文化遗址被发现，这种集中分布的遗址群落受到了良好的保护，使得考古工作得以在这片土地上稳步开展。到今天再来回望，这为良渚文明的确立提供了必要的前提。否则，谁会想到零星发现的遗址点，竟然是良渚古城这一王国之都的不同组成部分。

今天，在我们眼前所呈现的，是一个有 8 个故宫那么大的良渚古城（6.3 平方公里）。它有皇城、内城、外城三重结构，有宫殿与王陵，有城墙与护城河，有城内的水路交通体系，有城外的水利系统，作为国都，其规格已绰绰有余。除了文字和青铜器，良渚文化在各个方面均已达到国家文明的要求。其实，只要打开思路，我们会发现，通行的文明标准不应成为判断一个文化是否进入文明社会的生硬公式。青铜器在文明社会中承载的礼制规范的意义，在良渚文化中是体现在玉器上的。文字是记录语言、传承思想文化的工具，在良渚文化中，虽然尚未发现文字系统，但那些镌刻在玉礼器上的标识，也极大程度地统一着人们的思想，而大型建筑工事所反映出的良渚社会超强的组织管理能力，也透露出当时一定存在着某种与文字相当的信息传递方式。因此，良渚古城的发现，使良渚文明的确立一锤定音。

如今，良渚考古已经走过了 80 多个年头。从 1936 年施昕更先生第一次发现良渚的黑皮陶和石质工具开始，到今天我们将其定义成中国古代第一个进入早期国家的区域文明；从 1959 年夏鼐先生提出"良渚文化"的命名，学界逐渐开始了解这一文化的种种个性特点，到今天我们对良渚文明进行多领域、全方位的考古学研究与阐释，良渚的国家形态愈发丰满起来。这一系列丛书，主要是由浙江省文物考古研究所致力于良渚考古的中青年学者，围绕近年来杭州市余杭区瓶窑镇良渚古城遗址的考古发现与研究，集体编纂而成，内含极其庞大的信息量。其中，包含有公众希望了解的良渚古城遗址的方方面面、良渚考古的历程、良渚时期古环境与动植物信息、代表了良渚文明最高等级墓地的反山王陵、为人们津津乐道的良渚高等级玉器、供应日常所需林林总总的良渚陶器……还有专门将良渚置于世界文明古国之林的中外文明比对，以及从媒体人角度看待良渚的妙趣横生的系列报道汇编。相信这套丛书会激起读者对良渚文明的兴趣，从而启发更多的人探索我们的历史。

可能很多人不禁要问：良渚文明和中华文明是什么样的关系？因为在近现代历史的观念里，我们是华夏儿女，我们不知道有一个"良渚"。其实，这不难理解。我们观念里的文明，是夏商以降、周秦汉唐传续至今的，在黄河流域建立政权的国家文明，是大一统的中华文明。考古学界启动"中华文明探源工程"，为的就是了解最初的文明是怎样的形态。因此，我们不该对最初的文明社会有过多的预设。在距今 5000 年的节点上，我们发现了良渚文明是一种区域性的文明。由此推及其他的区域，辽西可能存在红山文明，长江中游可能存在石家河文明，只是因为考古发现的局限，我们还不能确定这些文明形态是否真实。良渚文明在距今 4300 年后渐渐没落了，但文明的因素却随着良渚玉器得到了有序的传承，影响力遍及九州。由此可见，区域性的文明实际上有全局性的影响力。

人类的迁徙、交往，从旧石器时代开始从未间断。不同规模、不同程度、不同形式的人口流动，造成了文化与文化间的碰撞、交流与融合。区域性的文明也是一个动态的过程。目前来看，良渚文明是我们所能确证的中国最早文明，在这之后的 1000 多年，陶寺、石峁、二里头的相继繁荣，使得区域文明的重心不断地发生变化。在这个持续的过程中，礼制规范、等级社会模式、城市架构等文明因素不断地传承、交汇，直至夏商。其实，夏商两支文化也是不同地区各自演进发展所至，夏商的更替，其实也是两个区域性文明的轮流坐庄，只是此时的区域遍及更大的范围，此时的文明正在逐鹿中原。真正大一统的中央集权国家，要从秦朝算起。这样看来，从良渚到商周，正是中华文明从区域性文明向大一统逐步汇聚的一个连续不断的过程，万万不可将之割裂。

2019 年 5 月于良渚

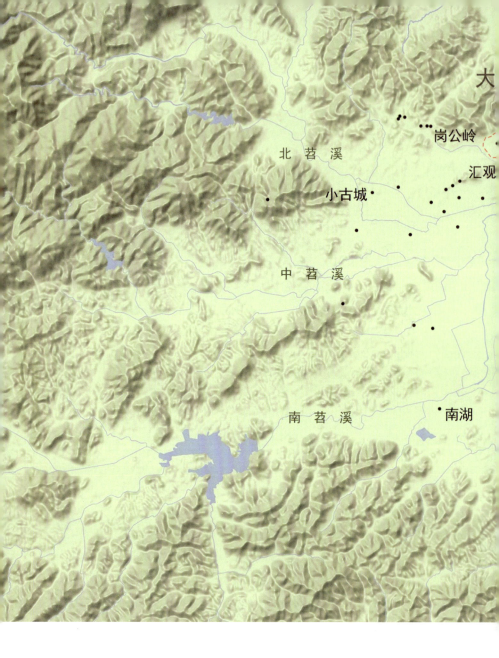

大

岗公岭

汇观

北 苕 溪

小古城

中 苕 溪

南 苕 溪

南湖

余杭 C 形盆地及其内的良渚文化遗址分布

出处：浙江省文物考古研究所：《良渚古城综合研究报告》，文物出版社，2019 年。

山
瑶山
东苕溪
超山
玉架山
茅山
临平山
良渚遗址群
半山
大雄山
庙前
京杭大运河
杭州
钱塘江
西湖

0   4KM

目录 Contents

Eighty Years of
Archaeology at Liangzhu

良渚遗址考古八十年

第一章　施昕更与《良渚》

一 吴越史地研究会

中国有悠久的金石学传统，从北宋到清朝末年，金石学不断壮大，而金石学一直被误认为中国考古学的前身。以田野调查和发掘为己任的考古学，其实是 20 世纪从国外传入的一门学科。1919 年发生的五四运动，提倡民主和科学，中国考古学就是在这种环境下兴起的。

以顾颉刚为首的古史辨派，对古代史料和古史传说的真伪进行了讨论。当时的学者提出要建立科学的上古史，而"唯一的方法就是考古学"。从 19 世纪中期开始，西方和日本的探险家和考古学者纷至沓来，不仅为中国带来了西方考古学的理论和方法，也激发了中国学者的爱国主义热情。20 世纪 20 年代，李济 ①、梁思永 ② 等人相继从国外留学归来。1928 年，中央研究院历史语言研究所成立，内设考古组，

:::

① 　李济（1896—1979 年）：中国现代考古学家，中国最早独立进行田野考古工作的学者。李济 1918 年毕业于清华学堂，随即被派往美国留学。曾在麻省克拉克大学学习心理学和社会学专业，1920 年进入哈佛大学主修人类学专业，1923 年获哲学博士学位。归国后在南开大学任教。1924 年开始从事田野考古，赴河南新郑对春秋铜器出土地点进行调查清理。1925 年任清华学校国学研究院人类学讲师。1926 年发掘山西夏县西阴村遗址，这是中国学者第一次自行主持的考古发掘。1929 年年初被聘为中央研究院历史语言研究所考古组主任。
② 　梁思永（1904—1954 年）：中国现代考古学家。1923 年毕业于清华学校留美预备班，随后去美国哈佛大学研究院攻读考古学和人类学，1930 年获硕士学位。归国后在中央研究院历史语言研究所考古组工作，对中国田野考古走上科学的轨道起了积极的推动作用。先后主持和参加的重要发掘有：新石器时代的昂昂溪遗址、城子崖遗址和两城镇遗址，安阳殷墟和侯家庄商王陵区，以及后冈遗址等。从 20 世纪 40 年代初期起，因肺结核症加剧，长期卧床休息。中华人民共和国成立后，被任命为中国科学院考古研究所副所长，在病床上主持日常工作，为该所的建立和考古事业的发展做出了巨大贡献。

同年 10 月派董作宾^①到河南安阳小屯村进行调查和试掘。这是中国学术机关独立进行科学发掘的开端，标志着中国考古学的正式诞生。^②

1921 年，瑞典考古学家安特生^③在河南渑池仰韶村遗址进行了发

....

① 董作宾（1895—1963 年）：中国现代甲骨学家。1923—1924 年入北京大学研究所国学门为研究生。1925—1927 年，先后在福建协和大学、河南中州大学和广州中山大学任讲师、副教授和教授。1928—1946 年在中央研究院历史语言研究所工作，历任通信员、编辑、研究员及代理所长等职。1928—1934 年，曾 8 次主持或参加殷墟的发掘，随后专门从事甲骨文字的研究。由他主编的《殷虚文字甲编》（1948）和《殷虚文字乙编》（1948—1953）二书，共选录抗日战争以前第 1~15 次殷墟发掘出土的有字甲骨 13047 片。
② 陈星灿：《历史和现实双重变奏下的中国考古学》，《社会科学报》，2015 年。
③ 安特生（Andersson, Johan Gunnar, 1874—1960 年）：瑞典地质学家、考古学家。1914—1924 年任中国北洋政府农商部矿政顾问。1926—1939 年任瑞典远东古物馆馆长。1937 年再度来中国调查四川等地的冰川。1939 年退休后，继续从事研究，完成有关中国考古的著作。安特生在中国任职期间，着重于新生代地质的研究，后来逐渐转移到考古学方面。曾调查周口店化石地点，成为发现北京人的嚆矢。他在河南渑池仰韶村发现了新石器时代的仰韶文化，还在甘肃、青海发掘了大批新石器时代到青铜时代的遗址，把以上的发现分为齐家、仰韶（半山）、马厂、辛店、寺洼（卡约）和沙井文化，并推测它们的绝对年代。安特生是较早从事中国新石器时代研究的学者之一。由于受到方法论和考古资料的局限，曾对中国史前文化的分期问题做过不正确的判断，又曾主张中国文化西来说。但是在中国考古工作的发展上，安特生是有贡献的。

掘，发现了以彩陶为代表的仰韶文化。1928 年，吴金鼎[①]在山东历城县龙山镇附近的城子崖遗址发现了以磨光黑陶为特征的新石器时代遗存，这些遗存后被命名为"龙山文化"。1931 年，梁思永发掘了山东城子崖遗址，并撰写了《城子崖——山东历城县龙山镇之黑陶文化遗址》。这是中国第一部田野考古发掘报告。此后，梁思永又在河南安阳后冈遗址的发掘中，第一次从地层上判定仰韶文化、龙山文化和商代文化遗存的时间先后，第一次明确了两种新石器时代文化与历史时期遗存的相对年代。这一系列的考古调查和发掘，使黄河流域的史前考古工作得到了迅速的发展，建立起了以黑陶为代表的龙山文化和以彩陶为代表的仰韶文化以及东西两大文化对峙的学说。

与此同时，长江下游江南地区的史前考古工作也随着常州淹城、

---

① 吴金鼎（1901—1948 年）：中国现代考古学家，龙山文化的发现者。早年肄业于齐鲁大学，1926 年考入清华学校国学研究院，在李济的指导下攻读人类学专业。1930 年年初到中央研究院历史语言研究所考古组工作，1933 年去英国伦敦大学颜慈教授处留学，其间曾随考古学家 F. 皮特里去巴勒斯坦进行田野考古实习，1937 年获博士学位。抗日战争期间，先在中央博物院筹备处工作，后回历史语言研究所工作。吴金鼎曾参加山东历城城子崖遗址、河南安阳殷墟和濬县大赉店遗址等处的考古发掘，并先后主持云南苍洱地区古代遗址、四川彭山汉代崖墓和成都前蜀王建墓的发掘。他在学术上的突出成就是 1928 年在城子崖发现龙山文化遗存。

卫聚贤

湖州钱山漾、金山戚家墩等遗址的发现开始了。1930 年，南京古物保存所所长卫聚贤等人在南京栖霞山焦尾巴洞、甘夏巷西岗头及土神侧找到 3 处出土石器及几何印纹陶片的地点，卫氏认为这是江南石器时代的遗物，从此揭开了长江下游史前文化研究的序幕。[1]

　　1934 年，在上海沪江大学求学的慎微之在湖州钱山漾遗址采集了石镞、有段石锛、有肩石斧及石犁形器等遗物。1935 年，卫聚贤

[1]　陈星灿：《中国史前考古学史研究（1895—1949）》，三联书店，1997 年。

慎微之

等人又在常州淹城、金山戚家墩发现了几何印纹陶器，这引起了学界对浙江史前文化更大的兴趣。^①

随着常州淹城、湖州钱山漾、金山戚家墩等遗址的发现，江南地区古文化研究也越来越受到史学界和考古学界人士的关心和重视。以卫聚贤为代表的史学家开始筹划建立一个学术性的社会组织来更好地统筹长江三角洲地区的考古活动，即吴越史地研究会。

....

① 陈星灿：《中国史前考古学史研究（1895—1949）》，三联书店，1997年。

1936 年 8 月 30 日，吴越史地研究会在上海举行成立大会，蔡元培任大会主席，他在《吴越史地研究会成立开会词》中说："斯会宗旨，实源自古荡、钱山漾、绍兴、金山等处先后发现古人石器、陶器后，颇足供历史上参考价值，证明江浙两省在五六千年以前已有极高文化。当非如传说所云：在春秋时代，江浙尚为野蛮之区。现该项古物，遗留在江浙各地者，当必甚多，深望本会成立后，各地会员能继续多发现，以供研究，借以明了历史演化及先民生活之情况。"①

从吴越史地研究会成立到 1937 年七七事变爆发，在不到 1 年的时间里，许多成员对良渚文化的发现、发掘和研究做出了贡献。吴越史地研究会成员在上海《时事新报》发表文章，组织各种展览会、演讲会，推动良渚文化为更多的人所知。

1937 年 3—6 月，由吴越史地研究会主编的《时事新报·古代文化》连续刊登了数十篇涉及良渚文化的文章，包括卫聚贤撰写的《江苏古文化时期之重新估定》（1937 年 3 月 24 日第 1 期）、施昕更撰写的《杭县第二区远古文化遗址试掘简录》（1937 年 4 月 14 日第 3 期、1937 年 4 月 21 日第 4 期）、何天行撰写的《杭县第二区的史前遗存

---

① 卫聚贤：《中国考古学史》，团结出版社，2005 年。

与黑陶文化》（1937 年 5 月 19 日第 9 期）、慎微之的演讲稿《从湖州钱山漾发现石器说起》（1937 年 6 月 12 日第 14 期）等。

此外，吴越史地研究会还出版了一系列丛书，包括何天行的《杭县良渚镇之石器和黑陶》、施昕更的《良渚》、慎微之的《湖州钱山漾石器之发现与中国文化之起源》及吴越史地研究会和浙江省立西湖博物馆合编的《杭州古荡新石器时代遗址之试探报告》等。

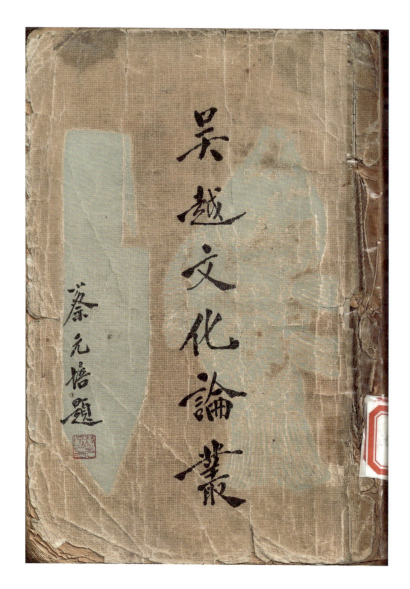

《吴越文化论丛》

吴越史地研究会编，1937年江苏研究社出版。吴越史地研究会成立于1936年，以研究吴越（江浙地区）史地为宗旨。书中收录的有关良渚文化的简录和论文有：施昕更《杭县第二区远古文化遗址试掘简录》、慎微之《湖州钱山漾石器之发现与中国文化之起源》、胡行之《浙江果有新石器时代文化乎》、刘之远《石器的形成与地层之探讨》、卫聚贤《浙江石器年代的讨论》等。蔡元培题写书名。

二 施昕更与《良渚》

1936 年，卫聚贤到杭州借瓷器，在古玩市场购得了 1 枚石镞和 1 件石铲。经多方查探，得知石器均出于杭州西面 5 公里的古荡。卫聚贤遂与朋友周泳先（时任杭州中山中学文史教员）同去考察，看到当地正在建设第一公墓，并于施工工人手中购得铲、戈、镞等石器 30 余件。遂与西湖博物馆（浙江省博物馆前身）接洽试掘事宜，获西湖博物馆慨然应允。此次试掘经费由西湖博物馆承担，参加试掘的人员由吴越史地研究会和西湖博物馆派员组成。

《杭州古荡新石器时代遗址之试掘报告》记录了试掘的过程："综计此次开掘，自上午九时起至下午五时止，费时虽仅一日，开掘时所获石器，虽只六件，但连带于其旁拾获及先一日所搜得者，则共有石器十六件，并掘得吴越时代之陶器陶片三件，不可谓非有相当之成绩。"①

---

① 卫聚贤、胡行之等：《杭州古荡新石器时代遗址之试掘报告》，吴越史地研究会，浙江省立西湖博物馆编，《杭州古荡新石器时代遗址之试探报告》，1936 年。

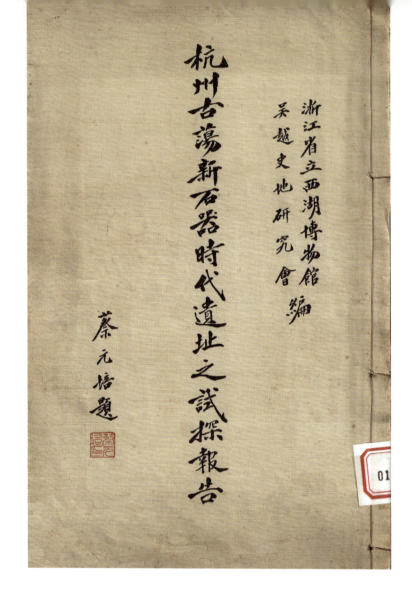

《杭州古荡新石器时代遗址之试探报告》

吴越史地研究会、浙江省立西湖博物馆编，1936 年。本书为 1936 年 5 月 31 日在杭州古荡
发掘的收获和讨论。发掘为期 1 天，开探坑 3 个，获石器 6 件、陶片 3 块，另采集石器 10 余
件。报告收录了卫聚贤、胡行之《杭州古荡新石器时代遗址之试掘报告》、刘清香《古荡附近
地质》、胡行之《古荡石器出土在东南文化上之价值》、卫聚贤《古荡为制造石器工厂之推测》、
乐炳嗣《古荡考古之前途》，并附卫聚贤《古荡出土之新石器与吴越文化》。蔡元培题写书名。

古荡遗址采集和发掘的石器共 10 余件，基本反映了良渚文化的石器种类。古荡遗址发掘完毕之后，吴越史地研究会和浙江省立西湖博物馆联合汇编了《杭州古荡新石器时代遗址之试探报告》，并请蔡元培题字，由卫聚贤作序出版。

古荡遗址的试掘对这一区域尤其是良渚地区的考古工作产生了直接的推动作用，施昕更、何天行两位对良渚地区的考古调查和试掘正是由古荡遗址的试掘所激发。

张炳火、蒋卫东在《也谈良渚文化的发现人》一文中详细梳理了两位的考古调查、试掘和研究工作，并这样评价两位："施昕更与何天行都对良渚文化的发现和研究做出过开创性的突出贡献。在 20 世纪 30 年代的艰苦条件下，他们对良渚遗址的调查和试掘及其专著和报告的出版，揭开了良渚文化田野考古和研究的序幕，从而'在江南考古是开辟了一个新的境地，为一般墨守成规旧式史观的人所梦想不到的'，是良渚文化研究的先驱者。"[1]

---

[1] 张炳火、蒋卫东：《也谈良渚文化的发现人》，《良渚文化探秘》，人民出版社，2006 年。

施昕更

　　施昕更，余杭良渚人，1926 年中学毕业后考入浙江省立高级工
业学校艺徒班。1929 年，西湖博览会在杭州开幕，施昕更经老师介
绍到博览会的博物馆任讲解员，在工作中认识了各种历史文物和矿物
标本。博览会结束后，西湖博物馆成立，施昕更因在博览会上的工作
经历进入博物馆成为矿产组的绘图员。

　　1936 年，施昕更作为西湖博物馆的工作人员参加了杭州古荡遗址的发掘。在发掘过程中，他注意到发掘出土的石器与他的家乡良渚一带常见的石器相似。施昕更在《杭县第二区远古文化遗址试掘简录》中回忆了这一过程："试掘不过短短一天的工夫，而我当时见到已搜集的实物，似乎很熟悉，在我故乡已经司空见惯的东西，一种长方形有圆孔的石斧居多，或者称石铲，以前我也认为是与玉器并行的东西，所以不去注意它。"施昕更继续写道："第二天（即 6 月 1 日），我就急急地回到故乡（杭县第二区）去搜集。除了铲以外，意外又得到许多不同形式的石器，如石戈、石镰、石凿、石庖丁……当时想到利用河岸池底来观察地层的剖面，及其蕴藏的情形。"[①]

　　1936 年 7 月，施昕更再赴良渚，经过多日的分区搜寻，对于石器的分布有了略约的轮廓。11 月，他又回到家乡考察，在棋盘坟附近已经干涸的池底，发现了 2 片乌黑发亮的黑陶，受到《城子崖》报告的启示，他认为良渚遗址与山东城子崖遗址为"同一文化的产物"。

　　由董聿茂主持的西湖博物馆对施昕更的发现十分重视，西湖博

---

① 施昕更:《杭县第二区远古文化遗址试掘简录》,《吴越文化论丛》,江苏研究社,1937 年。

物馆依照当时民国政府颁布的《古物保存法》之规定，呈请中央古物
保管委员会，取得发掘执照。1936 年 12 月 1—10 日、26—30 日，
1937 年 3 月 8—20 日，施昕更先后 3 次代表西湖博物馆对棋盘坟、
横圩里、茅庵前、古京坟、荀山东麓及长命桥钟家村等 6 处遗址进行
了试掘，获得了大批的陶器和石器，并在这期间调查发现了以良渚为
中心的 12 处遗址。

　　1936 年 6 月至翌年 3 月，施昕更在良渚镇进行的调查和试掘工
作，是良渚遗址第一次科学的考古调查和发掘工作。施昕更在自己
的著作中，清楚地记录了自己对良渚遗址的考古调查、试掘和后期
撰写报告的完整过程。《杭县第二区远古文化遗址试掘简录》是施昕
更撰写的最早介绍和研究良渚遗址的论文，文章分为发现及试掘的
经过、地层及文化层、文化遗物和时代的检讨几部分，对试掘进行
了详细的记录。

　　记录这一考古调查和试掘完整过程的是出版于 1938 年的《良
渚——杭县第二区黑陶文化遗址初步报告》（以下简称《良渚》）。这部
报告共分为绪言、遗址、地层、遗物、结语，将遗址发现的经过、各
遗址地层堆积情况、出土遗物、年代与文化性质分析以及编写出版报
告的过程都一一翔实记录，"条目清楚、叙述精当、图文并茂，把遗

址情况与遗物特征比较全面地展现了出来，注重用分类与比较的研究方法来说明问题"①。

《良渚》是江浙地区良渚文化最经典的早期考古发掘报告，是中国考古学史上具有代表性和划时代意义的考古报告之一。良渚遗址考古的后继者王明达这样评价施昕更的工作和《良渚》报告："无论是他在良渚一带的调查、发掘，还是他在艰苦条件下完成的《良渚》报告，即使现在看来还存在某些不足之处，但它是科学史上有所发现、有所发明、有所前进的工作，才被载入史册……正因为施立足点高，他短暂的一生中唯一的田野考古——良渚遗址的调查、发掘工作，成为东南地区考古史上的里程碑。"②

施昕更在良渚遗址的工作受到了"中国考古界的先进机关"中央研究院历史语言研究所的关注，梁思永、董作宾等专程前往试掘地点。《良渚》初稿还得到了梁思永、董作宾、刘耀、祁延霈、吴金鼎等的指

---

① 杨楠：《施昕更与〈良渚〉》，浙江省文物考古研究所编，《良渚文化研究——纪念良渚文化发现六十周年国际学术讨论会文集》，科学出版社，1999 年。
② 王明达：《良渚遗址群田野考古概述》，余杭市政协文史资料委员会等，《文明的曙光——良渚文化》，浙江人民出版社，1996 年。

正及补充意见，足见当时"中国考古学界对这个新发现高度重视"①。

施昕更对良渚文化的命名也有着重要意义。1959 年 12 月 26 日，夏鼐在长江流域规划办公室文物考古队队长会议上，正式提出"良渚文化"的考古学命名。良渚文化因良渚遗址而得名，而对良渚遗址的定名施昕更也颇费心思，"关于报告的定名方面，颇费斟酌，最新的考古报告都以地名为名，如城子崖、魏子窝等等，我也来效仿一下，遗址因为都在杭县良渚镇附近，名之良渚，也颇适当。渚者，水中小洲也，良者，善也。我依地层上的根据，预测在良渚时代，该处颇多水患，且沙洲纷纭，尚系沿江初成的砂地，因为环境良善，才有民族移居，所以决定采用这两个字，有名实兼收之妙。而且有了地域的概念，在比较上也很便利，如良渚报告中的遗物，或称良渚石器，可以分别城子崖石器或仰韶村石器等，正如生物学上的种属名一样"②。

中国社会科学院陈星灿在其《中国史前考古学史研究（1895—1949)》中这样评价施昕更的工作："如果说古荡出土石器太少而且试

---

① 陈星灿：《中国史前考古学史研究（1895—1949)》，三联书店，1997 年。
② 施昕更：《良渚——杭县第二区黑陶文化遗址初步报告》，浙江省教育厅，1938 年。

掘有限不能对它的文化性质定性的话，那么良渚黑陶文化层的发现则充分肯定了它的原始性和复杂性。施昕更认为它与城子崖龙山文化属于一个文化系统，是确切无疑的新石器时代晚期的遗存，从而第一次准确无误地向学术界展示了长江下游的史前文化，在中国史前考古学史上具有划时代的意义。"[1]

几乎同时，何天行也多次到良渚一带考察，在良渚荀山、长命桥一带采集了不少石器和陶器，包括其在《杭县良渚镇之石器与黑陶》一书中重点讨论的椭圆形黑陶刻纹盘。

1937年4月，何天行完成了《杭县良渚镇之石器与黑陶》，由蔡元培题写书名。该书用中英文对照的形式出版发行，也是较早将良渚文化介绍到海外的一本专著。

何天行在该书的绪言中写道："这次的发现，不但是南方考古界的创获……因为浙江在春秋战国以前，绝少历史上真确的史料，文化不彰，向以为文身断发的荒蛮境界，现在发现了这样优秀的文化遗迹，可见浙江的远古文化本极悠久，将吴越文化的源流拉长了几千年，不

......

[1]　陈星灿：《中国史前考古学史研究（1895—1949）》，三联书店，1997年。

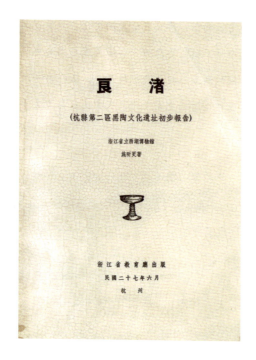

《良渚——杭县第二区黑陶文化遗址初步报告》

施昕更著，浙江省教育厅出版，1938年。1936—1937年，西湖博物馆职员施昕更在杭县良渚、长命、安溪一带调查发掘，发现遗址12处，采集到一批石器和陶器。本报告汇集梳理了上述资料，分绪言、遗址、地层、遗物、结语5部分论述，共计5万余字，收集图片百余张。这是有关良渚遗址的第一部考古发掘报告，具有重要的学术地位和价值。

1936年良渚遗址出土陶器（采自《良渚》）（左）
1936年良渚遗址出土黑陶壶，现藏于浙江省博物馆（采自浙江省博物馆《史前双璧》）（右）

独借此补充文献上所欠缺的材料，且从中国文化的起源与发展而论，这次的发见，亦不啻为东南的古文化奠一新的基础与途径。"这一论述表达了何天行对良渚遗址重要性的认识。

何天行在《杭县良渚镇之石器与黑陶》一书中，对他所采集的椭圆形黑陶盘上的10个刻划符号进行了分析、对照，认为"这些文字刻于原器口缘的四周，并有锯齿形纹绘联络，故知其为文字而非绘画，同时在杭县所出的黑陶里面，并有纯粹的刻画，据此尤足证为文字无疑，但这种文字显然还在初创的时期，大约是从象形纹绘所演进的，由这些象形文字的形体观察，不独比春秋时越国所传鸟篆等铜器铭刻为早，且当在甲骨文字之先"。

吴越史地研究会在《杭县良渚镇之石器与黑陶》的卷头语中对此予以充分肯定，认为何天行在杭县良渚发现石器与黑陶，"其可贡献学术者有二：一为打制石器……一为黑陶文字……其字在甲骨文以前，为中国最古文字"。卫聚贤在《中国最古的文字已发现》一文中，也肯定了何天行的发现，"黑陶上有刻文的文字，系何天行在杭县良渚发现的，其文字在甲骨文以前……黑陶文字虽不多又不能认识，但为中国最古的文字，可以断言的"。因此，何天行是发现和研究史前陶文的第一人，为考古学上的创见，其新颖独特的见解在今日仍为学术界称道。

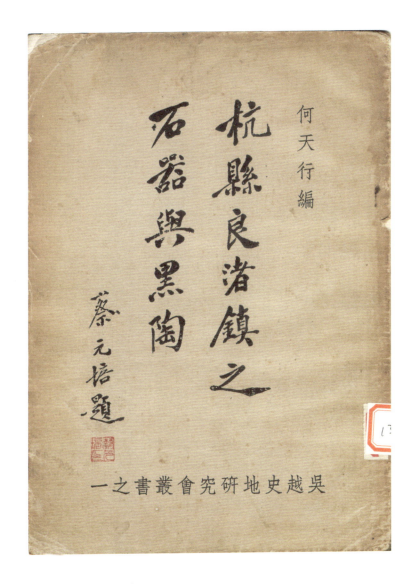

《杭县良渚镇之石器与黑陶》

（吴越史地研究会丛书之一）

何天行著，吴越史地研究会编，1937年出版。本书介绍了1936年在浙江杭县第二区良渚镇
发现的石器与黑陶，分绪言、遗址的发现、地层的大概、遗物的种类、结语等章节，附图版及
说明。并收录了卫聚贤的《中国最古的文字已发现》一文。该书被列入吴越史地研究会丛书，
中英文对照发行。蔡元培题写书名。

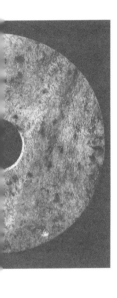

Eighty Years of
Archaeology at Liangzhu

良渚遗址考古八十年

第二章　"良渚文化"的命名

一　湖州钱山漾和邱城遗址

　　1949 年中华人民共和国成立，考古学百废待兴。当年 11 月，中国科学院接收前北平研究院史学研究所和前中央研究院历史语言研究所北平图书史料整理处，酝酿成立考古所。次年 8 月，中国科学院考古研究所成立。1950 年 3 月，国立中央博物院筹备处改名为国立南京博物院，隶属中央文化部文物事业管理局。1950 年 7 月，改由华东军政委员会文化部领导。1953 年 1 月，为抢救华东区各地大规模基本建设工程中发现的古遗址、遗物，以及贯彻中央文化部关于考古文物工作人员"专才专用"的决定，成立了华东文物工作队，队部设在南京博物院。1953 年，杭州老和山遗址（即 1936 年 5 月 31 日西湖博物馆和吴越史地研究会清理的"古荡"遗址）的发掘即由华东文物工作队负责。1954 年，华东区撤销后，江、浙、沪的田野考古工作分别由各地组织实施。在新石器时代考古领域，1954 年江苏无锡仙蠡墩、1955 年浙江余杭良渚朱村兜、1956—1958 年浙江湖州钱山漾、1957 年浙江湖州邱城、1958 年浙江杭州水田畈等遗址的考古发掘均取得了相当大的收获，尤以湖州钱山漾和邱城最为重要。[①]

新中国成立后，对良渚遗址的首次野外工作是长坟遗址的发掘。1955 年初冬，良渚镇朱村兜的村民在长坟的水塘中挖泥积肥，在肥沃的黑灰色塘泥中发现了数量惊人的陶器和木炭。浙江省文物管理委员会汪济英等同志随后在水塘的北端开了一条 2 米 ×8 米的探沟，发掘和采集所获的陶器、陶片达 40 余筐，其中完整的和可修复成器的陶器达 200 余件。[②]

钱山漾遗址位于湖州市吴兴区八里店镇潞村古村落，钱山漾的西南部。20 世纪 30 年代，慎微之对他家乡潞村附近的钱山漾采集到的大量石器产生了浓厚兴趣，并于 1937 年在《吴越文化论丛》发表了文章《湖州钱山漾石器之发现与中国文化之起源》。

① 浙江省文物考古研究所、南京博物院、上海博物馆：《良渚八十年》，文物出版社，2016 年。
② 汪济英、党华：《良渚长坟黑陶遗址清理工作概况》，《文物参考资料》，1956 年第 3 期。

钱山漾遗址现状

　　1956 年春和 1958 年 2—3 月，浙江省文物管理委员会对钱山漾遗址进行了两次发掘，发掘面积合计 731.5 平方米。第一、二次发掘将遗址文化堆积分为上、下两层。其中，下层堆积（现已确认为钱山漾文化）中，以弧背鱼鳍形足鼎和细长颈袋足鬶为代表的陶器组合对促成良渚文化的命名产生了重要影响。下层堆积中，另一个重要收获是出土了大量的植物种子遗存和有机质遗存，如家蚕丝织品（绸片、丝带）、苎麻织物和竹编等。①

---

①　浙江省文物管理委员会：《吴兴钱山漾遗址第一、二次发掘报告》，《考古学报》1960 年第 2 期。

邱城遗址

邱城遗址位于浙江省湖州市北部，因"汉代邱氏所居之地"而得名。遗址北临太湖，东部有小梅港流入太湖，西部为浙北天目山余脉卞山，是一个依山临水的小高地。依山形有连接的公开的"吕"字形土城两周，将两个山头分别围入城中，为北邱城和南邱城，遗址围绕南邱城山的西、南、东三面，面积6000余平方米。1957、1973、1986、1992和2012年先后进行多次考古调查和发掘，是一处自新石器时代至春秋时期的遗址。

邱城遗址 1957 年发掘前布方（上）

邱城遗址良渚文化 H2 堆积（中）

邱城遗址 1957 年发掘清理中（下）

邱城遗址良渚文化 H2 部分出土物

1957 年的发掘，首次在浙江发现了以夹砂粗红陶和泥质红衣陶为代表的邱城下层（后被命名为马家浜文化）、中层（后被分别命名为崧泽文化、良渚文化）以及包含印纹陶堆积的上层（后被命名为高祭台类型或马桥文化）的三叠层。[①]

---

①　浙江省文物考古研究所编：《浙江省文物考古研究所学刊》（第七辑），杭州出版社，2005 年。

邱城遗址考古队与时任浙江省文物管理委员会副主任郦承铨合影

（第一排左起：姚仲源、楼振华、梅福根、江仲贤）

二　1959 年夏鼐命名"良渚文化"

1959 年，夏鼐在长江流域规划办公室文物考古队队长会议上正式提出了"良渚文化"的名称，认为"太湖沿岸和杭州湾的良渚文化，是受了龙山文化影响的一种晚期文化"，这一名称很快被学术界接受且沿用至今。在此之前，夏鼐已经注意到了太湖地区这一考古学文化的特殊性。他曾在《浙江新石器时代文物图录》序中写道，"就已发掘的几处遗址而言，吴兴钱山漾、杭县良渚、杭州老和山、淳安进贤的下层文化，似乎属于另一种文化"[①]。

良渚文化命名之后，夏鼐在《碳-14 测定年代和中国史前考古学》中提到，"长江下游承继马家浜文化的是良渚文化。关于良渚文化，我们已测了四个地点的七个标本，其中吴兴钱山漾四个，余杭安溪、嘉兴雀幕桥、金山亭林各一个。碳-14 年代由钱山漾的公元前 3310±135 到金山亭林的公元前 2250±145。如果这些数据都可

---

① 浙江省文物管理委员会、浙江博物馆：《浙江新石器时代文物图录》，浙江人民出版社，1958 年。

杭州老和山新石器时代文化遗址

靠，并且上引两个数据接近于它的上、下限，则良渚文化的延续时间也达一千年左右，即公元前 3300—2250 年，相当于黄河流域的河南龙山文化和山东龙山文化，而开始的时代则要较早"。

1963 年，为了迎接中国考古学会成立，牟永抗以集体名义撰写了《试论浙江北部新石器时代遗址》，主要依据 1957 年邱城发掘成果将浙北新石器时代遗址分为早、中、晚三期，后以"马家浜文化和良渚文化——太湖流域原始文化的分期问题"为题在 1977 年 10 月南京召开的长江下游新石器时代文化学术讨论会上发表。

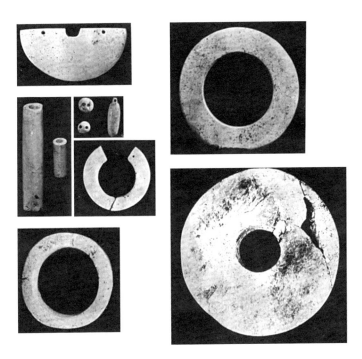

1959 年老和山遗址出土部分玉器
（采自《浙江新石器时代文物图录》）

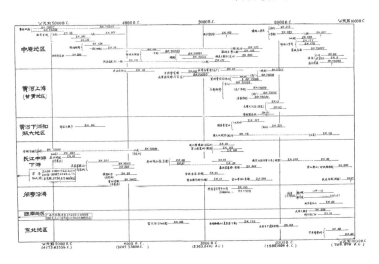

中国 89 个碳－14 测定年代的地区和时间的分布图
（采自夏鼐：《碳－14 测定年代和中国史前考古学》，1977 年）

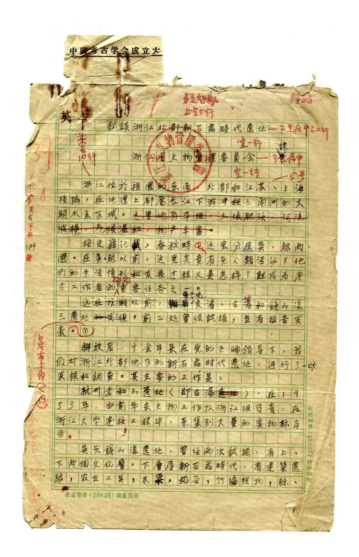

《试论浙江北部新石器时代遗址》手稿

1963年，为了迎接即将召开的中国考古学成立大会，牟永抗执笔撰写了《试论浙江北部新石器时代遗址》，提出浙北地区新石器时代分为先后的邱城类型和良渚类型，"原先认为是龙山文化的因素，应当适当地加以重新讨论"。由于中国考古学会未能如期召开，此稿原定由《考古》杂志刊发，后因故退稿。1972年，《考古》复刊后，安志敏、徐元邦来杭组稿时曾希望要回此稿。此稿最后改写为《马家浜文化和良渚文化——太湖流域原始文化的分期问题》，由牟永抗、魏正瑾署名，于1977年在南京召开的长江下游新石器时代文化学术讨论会上发表。

牟永抗在《马家浜文化和良渚文化》中综合了吴兴邱城、上海崧泽、常州圩墩、嘉兴双桥、江苏越城、江苏梅堰、湖州钱山漾等遗址的地层关系，概括出"含有印纹陶的堆积、良渚、崧泽（中层）、马家浜等从上到下的四个地层顺序……良渚、崧泽中层墓地（简称崧泽）、马家浜就成为已知的太湖流域新石器时代文化的三个发展阶段"[①]。

1977 年在南京召开的长江下游新石器时代文化学术讨论会，从时间、地域和文化发展序列上，对长江下游地区的新石器文化给予了充分的肯定。[②]

苏秉琦在会上第一次提出了考古学文化区系类型的"块块设想"，即把长江下游分为微山湖—洪泽湖以西的苏、鲁、豫、皖四省相邻的地区和以南京为中心的宁镇地区及太湖—钱塘江地区，为今后的研究指明了方向。[③]

....

① 牟永抗：《马家浜文化和良渚文化》，《牟永抗文集》，科学出版社，2009 年。
② 中国考古学会：《中国考古学会第一次年会论文集》（1979），文物出版社，1980 年。
③ 苏秉琦：《略谈我国东南沿海地区的新石器时代考古——在长江下游新石器时代文化学术讨论会上的一次发言提纲》，《文物》1978 年第 3 期；苏秉琦、殷玮璋：《关于考古学文化的区系类型问题》，《文物》1981 年第 5 期。

1977 年长江下游新石器时代文化学术讨论会全体代表合影

　　严文明提交了《论青莲岗文化和大汶口文化的关系》，认为青莲岗文化和大汶口文化属于一个文化系统，将青莲岗文化分为早期的青莲岗期和晚期的刘林期，大汶口文化分为早期的花厅期和晚期的景芝期，认为苏南浙北的马家浜期与青莲岗期相当，崧泽期和越城期则与刘林期和花厅期对应，"从河姆渡文化开始，下经马家浜期、崧泽期、越城期到良渚文化，整个是一个单独的文化系统，与苏北和山东的从青莲岗文化、大汶口文化到龙山文化的系统并不相同"[1]。

---

① 严文明：《论青莲岗文化和大汉口文化的关系》，《文物集刊》第 1 辑。

三　苏家村出土半爿玉琮

良渚从清朝开始就有玉器出土，多是当地农民在修整农田等工程中发现的，到后来便会有意识地寻找。乾隆收集了许多良渚文化的玉器，很可能就是出自良渚一带。

1963 年冬，浙江省文物管理委员会、浙江省博物馆为配合西险大塘维修工程，选择安溪苏家村遗址进行发掘。苏家村遗址位于安溪乡西侧 500 米左右，前山北侧 1000 米左右，紧贴苕溪南岸。此次发掘最大的收获是在良渚文化地层中发掘到一件半残的玉琮。

牟永抗在《关于良渚、马家浜考古的若干回忆》中写道："出土现场既无后期墓葬痕迹，也未见任何扰乱现象。依据地层学原理将此琮定为良渚文化遗物是顺理成章的事情。况且早在 1936 年施昕更发掘良渚遗址时就注意到，'杭县北乡本来是出汉玉出名的'，而且'多闻此层中曾出玉器……而未目见为憾'。我们发掘到当年施'未目见为憾'的玉琮，自然非常高兴。但是周、汉时代的琮璧怎能出现在新石器时代的地层中？！况且史前时期没有金属砣具，又怎样能够雕琢如此坚

草鞋山遗址出土良渚文化玉琮（上）

草鞋山遗址 M1 发掘现场（下）

硬的玉制品呢？！种种来自传统观念的疑虑，使我们没有勇气去把握面临的现实机遇。"[①]

　　苏家村遗址发掘结束以后，根据民工提供的掘玉的信息，牟永抗等人实地调查了苕溪转弯处的黄泥口。黄泥口是传说中掘玉最多的扁担山的终端，也在抢修西险大塘的工程范围之内。原计划次年对黄泥口进行发掘，但十分遗憾未能实现。

　　1971 年初夏，杭州市文物商店收到了余杭长命桑树头农民闻运才拿来的两枚玉璧。闻运才后又向牟永抗展示了与玉璧同时出土的 17 件精致的穿孔石钺，并带领牟永抗、杭州市文物局文清组及余杭县文化馆的同志前往出土现场。牟永抗在调查桑树头遗址时发现"现场墓坑痕迹依稀可见"，确认了玉璧与石钺同出一墓应大致无误。"这类石钺确为良渚文化的典型器种，可见玉璧亦应为同期之遗物。再次证实了 1963 年苏家村的发现。"

---

① 牟永抗：《关于良渚、马家浜考古的若干回忆》，《牟永抗考古学文集》，科学出版社，2009 年。

草鞋山遗址良渚文化墓葬 M1

草鞋山遗址

1973 年，江苏吴县草鞋山遗址清理了一座同时出土了良渚文化的玉器和陶器的高等级墓葬，其中玉器种类多样，包括琮、璧、钺、斧、镯、珠、管、锥形器等，另外出土了鼎、壶、盆、豆、罐等陶器9 件。草鞋山遗址的发掘第一次从地层学上证明琮、璧等玉器是良渚文化时期的遗物。

1977 年，吴县张陵山遗址的发掘，再一次证实了这一事实。张陵山遗址共清理了新石器时代墓葬 11 座，其中 5 座属良渚文化。玉器的数量、种类最多，有琮、瑗、镯、环、管、璜、珠等。

草鞋山遗址 M1 出土陶器

　　吴兴草鞋山遗址、张陵山遗址的发掘，使早先被误认为是"汉玉"的琮、璧终于恢复了原来的历史面貌，也证实了 1963 年苏家村和 1971 年桑树头发现的可靠性。

草鞋山遗址 M198 出土玉琮（上）
草鞋山遗址 M198 出土玉璧（下）

Eighty Years of
Archaeology at Liangzhu

良渚遗址考古八十年

第三章　良渚遗址群和"文明曙光"

吴家埠遗址发掘现场

一 1981 年吴家埠遗址

1973 年，河姆渡遗址的考古发掘工作重新拉开了浙江省新石器时代考古的序幕。1978 年春节后，河姆渡遗址第二期发掘刚刚结束，牟永抗、费国平等人至海宁市对千金角、徐步桥、盛家埭等遗址进行了发掘，共清理墓葬 26 座。

在此之前，关于良渚文化的墓葬多认为是平地掩埋而无墓坑，这在一定程度上影响了野外发掘时对墓葬遗迹单元的判断。而在上述 3 个遗址的发掘中，首先明确良渚文化墓葬存在土坑墓穴，并以此为突破口，获取了大量有明确单元组合的良渚文化遗存。千金角、徐步桥、盛家埭等遗址的发掘提高了工作人员野外作业的能力，奠定了浙江省考古人才队伍建设的基础。

1979 年，浙江省文物考古研究所成立，壮大了浙江省的考古力量。加之"文革"之后百废待兴，许多基建动土给考古工作带来了机遇。良渚地区的考古工作，更成为浙江省文物考古研究所关注的重点。自 20 世纪 80 年代初以来，浙江省文物考古研究所在这一区域做了大量的不间断的工作。

1981 年，瓶窑北湖砖瓦厂在瓶窑镇西北 1500 米的吴家埠西南坡取土时发现了玉琮、玉璧、石钺等良渚文化遗物，浙江省文物考古研究所获知后，立刻组队于 1981 年 3 月 11 日至 6 月 26 日进行抢救性发掘，并于同年 10 月 4 日至 12 月 5 日进行了第二次发掘。[①]

吴家埠遗址发现了马家浜文化、崧泽文化与良渚文化三个时期的文化堆积，共清理马家浜文化墓葬 8 座，崧泽文化晚期和良渚文化墓葬 20 座，出土了大量的陶器、石器和玉器。

这是良渚遗址群内第一次较大面积的考古发掘，证明了在遗址群范围内除良渚文化遗址外，还有更早的马家浜文化与崧泽文化的遗址存在。吴家埠遗址发掘后，浙江省文物考古研究所与当地协商租地建造了吴家埠工作站，从而为良渚遗址群的日后工作打下了基础。

1981 年年底至 1982 年年初，考古所组队对良渚遗址群及周边

....

① 浙江省文物考古研究所：《余杭吴家埠新石器时代遗址》，《浙江省文物考古研究所学刊：建所十周年纪念（1980—1990）》，科学出版社，1993 年。

地区进行了有目的的考古调查，东起塘栖，北至天目山余脉（余杭县与德清县交界的一带），西至彭公，南至勾庄三墩。在遗址群内新发现史前遗址 20 余处，并且在余杭勾庄乡和德清三合乡也发现了数处良渚文化遗址，从而对良渚遗址群内遗址的分布情况有了最基本的了解。

1983 年年底至 1984 年年初，浙江省文化考古研究所再次对嘉兴雀幕桥遗址进行了发掘，清理良渚文化墓葬 5 座。1986 年年初，德清县辉山遗址因农民开挖鱼塘发现了良渚文化的玉琮、玉璧、玉坠等，遂进行清理，清理了 2 座带木质葬具的良渚文化墓葬，其碳 −14 测年为公元前 2100 年。

1978 年至 1986 年，海宁千金角、徐步桥、盛家埭，平湖平丘墩，余杭吴家埠，嘉兴雀幕桥，德清辉山等遗址清理的良渚文化小墓，为研究良渚文化自身的发展分期和文化内涵提供了丰富的资料。[①]

----

① 浙江省文物考古研究所：《浙江北部地区良渚文化墓葬的发掘（1978—1986）》，《浙江省文物考古研究所学刊：建所十周年纪念（1980—1990）》，科学出版社，1993 年。

二 反山的发掘

太湖流域的考古工作，在行政区划上是江苏、浙江、上海两省一市的考古工作者分别进行的，但相互之间交流频繁，信息沟通，促进了学科的前进和发展。自 1973 年南京博物院在吴县草鞋山发现了随葬玉琮、璧、钺等的良渚文化贵族墓葬后，在江苏张陵山、寺墩及上海福泉山等地也相继发现了性质相同的一批贵族墓葬，这些重要发现，自然引起了我们的极大关注。就在福泉山第二次发掘结束后的 1984 年 11 月，苏秉琦在"太湖流域古动物、古人类、古文化学术座谈会"上发表讲话，指出良渚文化在中国古代文明史上是个熠熠发光的社会实体，还形象地将福泉山一类的高大土墩比喻为"土筑金字塔"。

江苏、上海同行们的发掘成果以及苏秉琦指导性的讲话，对我们具有十分重要的启发作用，浙江的考古工作者们加倍努力，良渚文化的命名地迎来了新的考古突破——反山发掘！①

1979 年、1982 年、1983—1984 年、1986—1987 年，上海文

① 浙江省文物考古研究所：《反山》，文物出版社，2005 年。

福泉山 M74（左） 福泉山 M109（右）

管会对上海青浦福泉山遗址进行了四次发掘，发现了随葬大量玉器的良渚大墓。除了清理良渚文化大墓外，福泉山遗址的工作重点也集中在福泉山这座土墩上，土墩为东北—西南斜向的不规则长方形，其东西长约 94 米、南北宽约 84 米，高约 7.5 米。经过发掘，确认福泉山实际上是一座人工堆筑的高台基地，土墩上发现崧泽文化居住遗迹 1 处、墓葬 18 座、良渚文化墓葬 32 座。

马家浜文化时期，福泉山遗址就已经有人类的活动。崧泽文化开始，福泉山土台西北部的高地开始被用作墓地。良渚文化早期，墓地

福泉山遗址全貌（左） 发掘现场（右）

开始南移，伴随着堆土埋墓的过程，土台越来越高。良渚文化晚期，福泉山墓地又进行了一次大规模营建，墓地向东扩展，主要埋葬高等级的贵族墓葬。苏秉琦将其比喻为"土筑金字塔"。

福泉山遗址的发掘，第一次从考古地层学上明确了人工堆筑的高台墓地是良渚文化贵族墓地的主要埋葬方式，为之后类似的贵族墓地的发现提供了重要的经验和线索。[1]

在江苏张陵山、寺墩和上海福泉山遗址等一系列考古发现与认识的启发下，1986 年浙江省文物考古研究所在余杭长命反山发现了一处良渚文化高等级墓地，清理良渚文化大墓 11 座，出土随葬品 1200余件（组）。

①　上海市文物管理委员会：《福泉山——新石器时代遗址发掘报告》，文物出版社，2000 年；浙江省文物考古研究所、南京博物院、上海博物馆：《良渚考古八十年》，文物出版社，2016 年。

　　反山是一座东西长约 90 米，南北宽约 30 米，相对高约 4 米的土墩。1985 年下半年，长命乡农机修造厂转制新建"余杭县长命制动材料厂"，新厂址选中了反山，占地 30 亩。该厂在筹建过程中把厂区北围墙建在了反山顶部北缘，这一情况被浙江省文物考古研究所的文保员费国平（家住雄山村，1977 年参加河姆渡遗址的发掘，后被浙江省文物考古研究所聘为合同工）发现，并及时报告。

　　1984—1988 年在浙江省文物考古研究所的部门设置中，业务室有一室（古建文保）、二室（史前考古）、三室（历史考古）和四室（瓷窑址考古）。二室的主任为牟永抗，成员有王明达、杨楠、芮国耀、刘斌，另外在吴家埠工作站的有文保员董永昌、许志华、费国平、陈越南和陈欢乐。得到报告后，浙江省文物考古研究所史前考古室王明达和芮国耀会同费国平到反山现场调查，确认反山是"熟土墩"（所谓"熟土"并不是一个严格的考古术语，凡是经过人工翻动、搬运等的任何形态的土层、堆积等，相对原生土而言，都属于"熟土"）。1986 年春节后，浙江省文物考古研究所将反山的发掘正式列入全所的工作计划。

　　对于反山的发掘，浙江省文物考古研究所制订了详细的计划，在填写"考古发掘申请书"时，王明达将其起草的《余杭县长命乡反山良渚文化墓葬发掘操作细则》作为申请书的附件，一并提交。

余杭县长命乡反山良渚文化墓葬发掘操作细则

反山是良渚遗址范围内的一处独立土墩，系熟土堆筑而成，包含极少量的良渚文化陶片，可能是一处良渚文化的墓葬，即"土筑金字塔"。此类大墓的发掘是我省一项探索性的工作，为进一步提高田野考古发掘水平，总结这方面的经验，除严格遵守《田野考古操作规程》的规定外，特制定本操作细则：

一、反山面积达2000平方米，发掘分二期进行，上半年发掘西半部，下半年发掘东半部。中间南北向留2米宽的隔梁，作为长期保存的地层剖面。

二、每期发掘采用探方法，布10米×10米的探方，在探方东、北各留1米宽的隔梁。

三、各探方发掘的进度，要保持大致水平。发掘过程中，特别要辨认土质土色的变化，每下挖10厘米，平面铲光一次，仔细寻找有无墓边，也要注意有无夯窝、工具痕迹等有关迹象，发现陶片要全部采集。

四、发现墓边后，必须将四周铲光，如墓边延伸到相邻探方，需经领队同意后，先打隔梁，一定要将墓边四周找准后，方可进行墓内的发掘。墓边不完全，不得先行下挖。

五、墓室应是竖穴土坑墓，必须用小工具仔细剥剔，注意墓壁的原貌，观察填土的变化，填土中除注意陶片外，特别留心有否葬具及其朽痕。随葬品一经露头，应改用竹签、毛刷等工具小心剔土，不再使用金属工具。要注意做好对陶、玉、石器以及象牙制品等文物的保护，不得随意取动。

六、绘图、移动随葬品、骨架处理等项工作，由领队指定专人负责。各探方发掘人应及时将发现的遗物、遗迹等向领队报告，以便加强现场研究，取得同意后方可处理。

七、保护现场，就地保存。安全措施等有关方案，在发掘过程中待情况明朗后及时研究，采取相应措施。

一九八六年三月

1986年4月22日加盖"中华人民共和国文化部"公章的"考古发掘执照"考执字（1986）第183号下达，批准发掘反山。

1986年5月9日，反山发掘正式开始，在反山西部布10米×10米的探方6个。发掘工作进行得很顺利，首先在表土以下发现并清理了11座汉代砖室墓，堆土中除了汉墓，只有红烧土，证明了这座土墩的堆筑应早于汉代。

5月29日，在T3的中部露出了一块褐色斑土，与周边的灰黄土有所区别，此时探方的深度距地表已达 150 厘米。在领队王明达的指挥下对 T3 全面铲光，露出了南北长约 3.1 米、东西宽约 1.65 米的长方形遗迹。从遗迹的形状、尺寸以及细碎的花斑土判断，这应当就是良渚文化时期的墓葬，遂按照清理墓葬的方式开始清理。当下挖到 50 厘米的时候，还没有见到任何遗物，但是坑壁却十分清晰，这已经超出了以往认识的良渚文化墓葬的深度。但领队王明达仍然很坚定，坚持继续向下清理。

5 月 31 日，是反山发掘值得纪念的一天，浙江省第一座良渚文化贵族大墓终于被发现了！上午快收工时，在深达 90 厘米的"坑"北端正中露出了直径 30 余厘米的一圈夹砂红褐陶口沿。我们小心地剥剔周围的泥土，但该器火候甚低，夹砂很粗，四周的泥土刚剔掉，器物就松垮散落，所以剥了一小段就停止了。这是三天下挖见到的第一件遗物，当时还不清楚是什么器物，只是更加小心了。直到下午 3 点左右，王明达和杨楠、费国平站在 T3 的北隔梁上，商量应对即将来临的雷雨时，陈越南用手托着刚从"坑"里清出的一块黏有小玉粒和漆皮的土块，递到我们跟前。王明达看了一眼，从 160 厘米高的隔梁上跳下，急忙爬下坑，用竹片轻轻翻了一小块泥土，又露出了很多小玉粒和漆皮，这就是编号为反山 M12∶1 的嵌玉漆杯！接着在墓坑中部又剔出一件玉琮的射口部分（M12∶97）……

　　6月2日，雨止。上午，王明达会同牟永抗和强超美、邵海琴（负责录像和拍摄工作）一起去工地，芮国耀、刘斌已从吴家埠工作站到了工地。大雨过后，工地上泥泞不堪，清理现场花了很多时间。下午，省文物局、所领导等近10人来到反山工地，听取领队的汇报并视察现场。为了确证所发现的墓葬是良渚文化大墓，牟永抗让王明达再剥剔一下坑内的填土，露出一些可以断定时代的器物。当王明达把玉琮（M12：97）的上部剔出，露出外方内圆的玉琮器形时，他惊喜激动地连叫："快叫牟永抗，快叫牟永抗，确定了！确定了！"大家围在墓坑边，除了玉琮外，周围又剔露出白花花的一大堆玉器。经过大家现场研究决定，反山发掘采取保护性发掘措施，除起取器物外，保留墓穴等遗迹，以便将来有条件时建现场博物馆。①

　　通过这段《反山》发掘报告中记述的发掘过程，我们还能感受到考古人员当时的激动心情。这是浙江地区发掘的第一座良渚文化时期贵族墓葬，按照顺序这座墓葬被编为12号，从器物露头到清理完毕，共历时三天。这座墓中出土了迄今发现的个体最大的玉琮和玉钺。玉琮重量达6500克，四角分别雕刻了神徽，在四面的竖槽中也刻有两

---

① 浙江省文物考古研究所：《反山》，文物出版社，2005年。

反山考古队讨论遗迹的现场

（中坐者牟永抗，左侧王明达，右侧从上往下依次为芮国耀、刘斌、杨楠）

反山墓地发掘现场

个完整的图案，被称为"玉琮王"；玉钺不仅形体宽大，而且在玉钺的两面也各刻有一个完整的神徽图案和鸟纹，被称为"玉钺王"。

6月3日—7月5日完成了M12—M19的发掘清理工作，9月3日—10月10日完成了M20—M23的发掘清理工作。反山墓地共清理良渚文化大墓11座，其中以M12为核心的良渚文化早期高台墓葬9座（M12、M14—M18、M20、M22、M23），良渚文化晚期再次筑高后残存墓葬2座（M19、M21）。出土随葬品1200余件（组），其中陶器37件，有鼎、甑、豆、罐、过滤器、大口缸等；玉器1100余件（组），单件数量超过3500件，有琮、璧、钺、柱形器、环镯、

反山 M12（左）

反山玉琮（M12：98）（上右）

反山玉琮（M12：98）出土情况（中右）

反山玉钺（M12：100）（下右）

冠状器、三叉形器、锥形器、半圆形饰、璜、带钩、形态不一的管、珠、鸟、鱼、龟、蝉等 20 余种；还有大量漆器上的镶嵌玉片、玉粒以及象牙器和鲨鱼牙齿等。这是已知出土玉器数量最多、品种最丰富、雕琢最精美的一处良渚文化高等级墓地。

反山墓地中墓坑深的有 1 米左右，清理到一定程度时，墓坑里全是器物以及一些重要的遗迹，让人无处下脚，反山墓地的发掘者刘斌回忆道，"我们想出了沿墓边用绳子吊两根木头下去，然后再搭上横板，人就蹲在悬吊的板上向后退着清理的办法"。

良渚文化早期 9 座墓葬布列有序，均为竖穴土坑墓，大多有棺椁痕迹，墓底筑有棺床，各墓随葬品丰厚，多者达数百件。其中 M12、M14、M16、M17、M20 均随葬玉钺，并有 1～6 件不等，可能为男性墓；M22、M23 则随葬玉璜、圆牌等，可能为女性墓。其中 M12 居于中心位置，出土玉器的数量、种类最多，品质、雕工俱佳，是反山墓地的核心。

反山墓地出土的玉器除了玉璧，均或简或繁地雕刻有精细的纹样，其中以 M12 的玉琮王、玉钺王、柱形器，M22 的玉璜上的神人兽面纹最为突出。在面积如此小的空间内，雕琢了布列对称、细如毫发、浅浮雕与阴线刻纹相结合的神人兽面纹，反映了良渚文化琢玉工

反山墓地平面图

艺的高超水平，尤其为解读所有良渚文化玉器上或繁或简、可分可合的类似纹饰提供了直接的、可资对应的依据。

　　关于这一神人兽面纹还有一个小故事。说起对这一图案的初识，还是在反山遗址发掘之后才无意发现的。由于浮雕的羽冠和兽面周围阴刻的神人手臂以及下肢，极为纤细隐约，小得如同微雕，所以在野外发掘时，我们并没有看清它的真实面貌，还只当是像云雷纹一样的底纹。野外工作结束后，反山遗址出土的玉器等文物被运到吴家埠库房做暂时的整理。牟永抗爱好摄影，试着用各种光线拍摄玉器上的纹饰。有一天摄影师强超美在观察刚刚冲洗出的照片时，兴奋地发现了刻在浮雕图案周围的手臂纹饰，她惊奇地叫了出来，说："你们快来看呐，兽面的两边原来是两只手！"我们都赶紧放下手中的工作，跑到门口来看照片。我们很快就看清了，那确实是两只手，大拇指向上翘起，是那样清晰，仿佛正扶住那像面具一样的两只大眼睛。看完照片，大家赶紧再去看玉器，在侧光下我们终于看清了刻在玉琮王竖槽中的神徽的真面目。那天大家的兴奋程度不亚于玉器发现时的情景，考古是一项"前不见古人"的工作，我们常常睹物思人，即使面对一堆白骨，也是完全无法想象他们生前的面貌。这半人半神半兽的图案，就像一张隐约的老照片，使我们对 5000 年前的良渚人仿佛有了依稀的认识。

从那以后，牟永抗常常借此考验一下前来看玉器的学者的眼力，结果竟无人能够过关，只要我们不加以指点和说破，来者均发现不了神的真面目。记得有一年俞伟超来吴家埠，牟也卖了关子请俞看，看完后牟问："看清了？"俞说："看清了。"牟说："再仔细看看。"俞又看了一遍，只是说好。牟说："那请您说说看。"俞："就是一个浮雕的兽面纹，还有地纹，刻得非常精细。"此时大家知道，俞果然也没有看到。牟说："请您再仔细看看。"一面拿了台灯为俞打光，一面用手指点："这里，看看这里是什么，是不是手。"这时俞才终于看出了头戴羽冠的神人的形象，他惊讶了好一阵子，如同见到了古人。于是我

反山玉琮上的神人兽面纹

们请俞谈他对这一图像的认识，俞认为这应该是生殖崇拜的象征。①

　　反山墓地系人工堆筑而成的高土墩，营建规模相当可观，墓穴布局排列有序，随葬品丰厚精美，种种迹象表明这里是良渚文化部族显贵者的专用墓地。良渚文化玉器的大量出土，不仅成为良渚文化的重要内涵和特点之一，而且对于研究良渚文化生产力发展水平、意识形

① 刘斌：《神巫的世界》，杭州出版社，2013 年。

神人兽面纹线图

态和社会发展阶段都具有重要意义。反山墓地的主人拥有代表神权的琮，象征军事指挥权的钺，体现财富的璧以及装饰在冠帽上、佩戴穿缀在衣物上的各种玉饰件，充分显示了其是凌驾于平民之上的权贵阶层。神人兽面纹集中反映了良渚社会生活中神的威严和神圣，既是以玉事神的巫觋们上天入地功能的写照，也是良渚部族尊崇的"神徽"。

三 瑶山、汇观山祭坛与墓地的发掘

反山发掘后，在国内外引起了研究和收藏良渚文化玉器的热潮，良渚玉器的身价也随之大涨，文物贩子走乡串户地到处寻觅，并出高价鼓动村民去盗挖。1987 年春天，距离反山 5 千米的安溪乡下溪湾村的农民在附近的瑶山种树时，意外发现了玉器，于是引发了上百名村民上山盗掘。正在休假的浙江省文物考古研究所技工马竹山（安溪乡后河村人）闻讯后，于次日向安溪乡文化站站长颜云泉汇报，二人迅速前往瑶山和羊尾巴山，及时制止了盗掘的村民，并报告了上级文物主管部门。当日，杭州市和余杭县的文物主管负责人赶赴现场，由安溪乡政府和余杭县文物管理部门派员，协助公安部门收缴被盗文物，并对事发现场进行了保护。由于处理及时，大部分被盗挖的玉器都追了回来，最后共收缴玉器达 340 多件，仅玉琮就有 7 件。瑶山发掘时，考古队找到了这座被盗挖的墓坑，证明这些被盗挖的玉器都是出于同一座墓。

5 月 3 日下午，浙江省、杭州市、余杭县三级文物管理和公安部门的负责人抵达现场，决定在打击盗掘、收缴文物的同时，由浙江省文物考古研究所组成考古队，立刻进行抢救性发掘。5 月 4 日，浙江

瑶山遗址远景

省文物考古研究所向国家文物局提交了抢救性发掘申请，并组成了以牟永抗、王明达为领队的考古队，具体工作由浙江省文物考古研究所第二研究室组织实施。杭州市文物考古所、余杭县文物管理委员办公室也派人参加了发掘，从此开始了前后十余年的瑶山发掘工作。

　　发掘工作从 5 月 7 日正式开始，到 6 月 4 日结束，参与发掘的有浙江省文物考古研究所的牟永抗（领队）、芮国耀（现场负责人）、沈岳明、刘斌、费国平、陈欢乐以及杭州市文物考古所桑坚信，浙江省文物考古研究所强超美承担了录像和照相工作。

　　发掘工作的第一步是对盗掘现场进行清理，在清理完大片的盗坑后，考古队员庆幸只有一个较大的盗坑彻底破坏了一座良渚文化大墓，即 M12，而在其余的盗坑中没有发现严重破坏良渚墓葬的情况。从盗坑的剖面来看，考古队员观察到了其他良渚文化大墓存在的迹象。之后的发掘工作也就按照田野考古工作规程，有条不紊地进行。在事先布置的探沟内，考古队员清除了山体表面的耕土层后，用手铲仔细地铲刮表面，认真观察土色的不同，依据反山发掘的经验，很快在探沟内发现了良渚文化墓葬的痕迹。

瑶山遗址共发现良渚文化大墓 11 座，墓葬分为东西向的南北两排：南排 6 座自西向东分别为 M3、M10、M9、M7、M2、M8，北排 5 座自西向东分别为 M1、M4、M5、M11、M6。在 M7 与 M2 之间原本还有一座墓，被盗坑破坏，发掘时仅清理了残存的墓坑北端。据说盗掘出土的玉器均出于该区域，为方便记录研究，编为 M12。1997 年发掘时在 M5 与 M11 之间发现一座良渚文化墓葬，编为 M14。

墓葬出土随葬品共 754 件（组），以单件计共 2660 件，其中玉器有 678 件（组），另有陶器、石器。南北两排墓葬出土的陶器组合相同，为鼎、豆、圈足罐、缸，南排墓葬另出土玉冠状器、带盖柱形器、三叉形器、成组锥形器、钺、小琮以及石钺，北排墓葬另出土玉、璜、圆牌和纺轮，未出石器。瑶山与反山遗址的墓葬一样，墓葬内骨架基本已不存，仅个别墓葬留有牙齿，因此无法对墓主人的性别和年龄进行鉴定。从瑶山墓葬的随葬品来看，作为武器的钺仅在南排墓葬才有，而纺轮和织具等仅见于北排墓葬，因此推测南排的墓主人为男性，北排的墓主人为女性。根据对墓葬随葬器物组合和玉器形态特征的分析判断，确认墓葬的年代应为良渚文化中期偏早阶段，与反山遗址相仿。

M7 是整个瑶山墓地中随葬品数量最多、规格最高的一座。长方形竖穴土坑长逾 3 米、宽 1.6 米、深 1.3 米。虽然在瑶山各个墓葬中没有发现葬具的实物，但考古队员从现场清理过程中判断良渚文化大墓确实存在棺甚至椁。根据 M7 出土玉器的状况及墓底的迹象观察，该墓在埋葬时有棺、椁类葬具。M7 出土各类随葬品共 158 件（组），其中玉器占到 98% 以上，随葬品在墓底层层叠压。

玉器主要分布在墓中部及南部。墓内最南端有一组由 29 件玉管串联的管串（M7：5），它远离随葬品集中的部位，可能是某种葬具上的玉饰件，因木质葬具腐朽坍塌而跌落移位。还有一组带盖柱形器（M7：26）向南倾置。在头骨朽痕的南侧有一件长玉管（M7：25），与三叉形器（M7：26）的中叉紧密相连，推测这类长玉管应与三叉形器配套使用。三叉形器朝上一面也刻有神人兽面纹。另有一组 10 件锥形器（M7：22、23、24），散乱叠压在三叉形器和石钺之上。头

瑶山 M7 场景（左）

兽面纹牌饰 M7：55 出土场景（右）

部西侧有冠状器（M7：63），其四周散落着 26 颗小玉粒，应与冠状
器一起镶嵌在已朽的有机质物体上。近旁还有一串由 18 颗玉珠组成
的串饰（M7：60）。

　　玉钺（M7：32）位于墓葬东侧，刃缘向西，南有钺冠饰（M7：
31），北有钺端饰（M7：33），三者组成带柄的完整玉钺形态。有机
质的钺柄已朽，以两端饰间距推测，钺柄长约 80 厘米。在钺顶端有
1 件小玉琮（M7：45），可能是该钺的挂饰。在钺的东侧有 1 件端饰

三叉形器 M7：26 出土场景（左）

玉璜出土场景（右）

（M7：29），榫头朝南，与之对应的是在头顶右侧的 1 件端饰（M7：18），两者间距约 90 厘米，这可能是有机质柄状物的两个端饰，叠压在玉钺（M7：32）和石钺（M7：83）之上，其位置约相当于死者的腹部位置，应为胸前的挂饰。

墓葬中部集中放置了 9 件镯形器，分置于两侧，原应戴于两臂，似有臂环和腕镯之分。可以确认为臂环的有位于右上肢的镯形器（M7：30）。在墓葬中部东侧，有 1 件镯形器（M7：57），可能是由于滚动跌落而破碎于棺外，也可能原被置于棺顶。镯形器的西侧有 1 件锥形器（M7：42）。2 件玉琮置于墓葬中部，其中 M7：50 形体较大。

工作人员绘制 M7 平剖面图

北部近陶器处出土 1 件平面略呈三角形的玉牌饰，圆端向南，周围有 4 枚动物牙齿。

瑶山发掘的另一重要收获是发现了良渚文化时期的祭坛，面积近 5000 平方米，处于瑶山的西北坡。瑶山位于良渚遗址群的东北角，是天目山余脉凤凰山向东延伸的低矮山丘，海拔高度约 35 米，相对高度约 20 米；南面是一座独立的山丘，称为馒头山，高度与之相近；东面的山丘已在开采石矿时被挖掉。馒头山以南即为平原，东苕溪自西南向东北蜿蜒流过。

祭坛依山势而建，北、西、南三面从山脚起筑，从山顶到山脚都经过规划和修整，在山的南坡、西坡和北坡都发现了护坡挡土的石坎，东与自然山体连接。最初瑶山的顶部应该是东高西低的斜坡状，为了在山顶修筑平台，因此在山坡的西侧、南侧和西北侧分别修砌石坎挡土，而将山顶修凿平整时铲下的土堆筑到西面和南面，从而形成了从山顶到山脚每级相差约 2 米的三四级的金字塔结构，形成了整齐的覆斗状护坡，护坡的垂直高度约有 0.9 米。祭坛的顶部半整，面积约有 400 平方米，在中间偏东位置挖出南北长约 7.7 米、东西宽约 6 米的回字形沟槽，沟槽宽 1.7 ～ 2.1 米、深 0.65 ～ 0.85 米，沟槽用纯净的灰色黏土填满，与山上原来的红黄色土壤形成了鲜明的对比，从而在平面上形成了内外不同的三重土色。[1]

　　瑶山祭坛与墓葬的关系，目前学界有两种看法。一是认为两者是复合的，即建立祭坛既是为了祭祀，也是为了埋墓，墓葬的主人就是被祭祀的对象；二是认为祭坛原是专门的祭祀场所，随着时间的推移，祭祀的功能逐渐弱化，最后成为巫师和首领的墓地，且在作为墓地之前，应有一次覆土加高的过程。

　　汇观山遗址位于余杭区瓶窑镇外窑村，良渚古城以西约 2000 米。遗址坐落在一座海拔约 22 米的自然小山丘上，北依大遮山，南邻苕溪。1990 年春，当地的一户居民在山顶的西南角建房子时，无意中发现了玉璧、玉镯、石钺等，他们悄悄地把玉器带回了家，准备卖个好价钱。这年冬天他们找到了一位买主，这位自称是外商的买主，其实是杭州市公安局的一名侦察员。但这位侦察员在看了玉器之后，却无法确定玉器的真假，于是找了浙江省文物考古研究所王明达前去鉴定。经鉴定，这些玉器确实属于良渚文化。

....

[1]　浙江省文物考古研究所：《瑶山》，文物出版社，2003 年；浙江省文物考古研究所、南京博物院、上海博物馆：《良渚考古八十年》，2016 年；芮国耀：《瑶山访玉》，广东省博物馆编，《考古人的兴奋》，岭南美术出版社，2006 年。

1991 年元月，余杭市文管会先行对暴露的 2 座残墓进行了清理，出土玉器、石器、陶器等数十件。同年 2 月，浙江省文物考古研究所组队，对汇观山遗址进行了发掘，由王明达担任领队，由刘斌主持发掘，参加发掘的有胡继根、蒋卫东、费国平、陈欢乐、周建初、马竹山、张克西、陈小利等。①

发掘工作从 2 月进行到 6 月，发掘面积共 1500 平方米，发现了一座性质与瑶山遗址十分相似的祭坛，并清理了良渚文化大墓 4 座，出土随葬品近 200 件。

汇观山遗址是利用自然山体修建而成，主体为三层阶梯结构，正南北方向。最高处的长方形覆斗状台基为祭坛主体，形制与瑶山祭坛完全一样，东西长约 45 米，南北宽约 33 米，面积约 1500 平方米。在中部偏西的位置，为祭坛中心的灰色土框，围合范围东西 7 ～ 7.7 米，南北 9.5 ～ 9.8 米。这一灰土框是以挖沟填筑的方式，用山下纯净的灰色黏土填满，沟槽宽 2.1 ～ 2.5 米，深 0.1 ～ 0.6 米，与山上原

① 浙江省文物考古研究所、余杭市文物管理委员会：《浙江余杭汇观山良渚文化祭坛与墓地发掘简报》，《文物》，1997 年第 7 期；刘斌：《神巫的世界》，杭州出版社，2013 年。

来的红黄色土壤形成鲜明的对比，从而在平面上形成围沟内、围沟、围沟外三重土色。这一灰土框与瑶山祭坛的灰土框尺寸相近。

祭坛主体周围的第二层台面低于祭坛顶面 1～1.5 米，每边宽窄不一，东西两端呈二级阶梯状，且各发现两条南北向小沟，可能为排水沟。1999 年汇观山遗址第二次发掘确认了汇观山第二层台面外存在有统一标高的第三级台面，可知汇观山祭坛在修筑时，不仅考虑了祭坛顶部主体部分的布局，而且对整座山顶进行了规划和设计。其中，东面的第三级台面较窄，分别宽约 9.5 米、10 米；北面的第三级台面为逐层堆筑而成；西面的第三级台面为山体基岩凿削平整而成；南面的第三级台面较宽，残宽约 30 米，是利用修凿祭坛顶部的风化基岩石渣填筑而成，形成了面积较大而平坦的活动场地。此外，在祭坛东北部，从山脚至山顶发现了人工堆筑的三道台阶状石块护坎，推测北部原有通向祭坛的台阶通道。[1]

在祭坛顶部清理了 4 座良渚文化大墓，共出土随葬品 173 件（组），其中玉器 104 件（组）。4 座墓葬均分布在祭坛的西南部，从

[1] 浙江省文物考古研究所：《良渚文化汇观山遗址第二次发掘简报》，《文物》，2001 年第 12 期。

随葬品看，M1、M2 与反山、瑶山遗址墓葬年代相近，M3、M4 年代较晚。

M4 是汇观山遗址中规模最大、随葬钺数量最多的墓葬，共随葬石钺 48 件、玉钺 1 件，墓坑长 4.75 米、宽 2.3 ～ 2.6 米，棺椁痕迹明显，在棺内和棺外各随葬 1 组陶器。

瑶山和汇观山相距 7000 米，均始建于良渚文化早期，修筑于自然山体之上。两处祭坛的形制十分相近，都为长方形覆斗状，祭坛顶部平面均呈回字形的三重土色。此外，两处遗址除了发现了祭坛，也发现了高等级墓葬，说明良渚文化祭坛与高等级墓葬之间有着密切的关系。汇观山遗址的发掘让我们对良渚文化祭坛的结构和形制有了新的认识，对祭坛的功能有了新的思考。

浙江省文物考古研究所刘斌负责了 1999—2000 年汇观山遗址的

汇观山遗址 M4（左）
汇观山遗址 M4 出土玉璧（上右）
汇观山遗址 M4 出土三叉形器（下右）

复原展示工作，在发掘和修复汇观山祭坛的 1 年多的时间里，他对祭坛的功能有了新的理解，认为祭坛最初的功能应该是用来观测天象。刘斌通过测量和比较，观察到瑶山和汇观山祭坛虽然在尺寸上略有差别，但两座祭坛所修筑的回字形灰色土框四角所指方向基本是一致的，即分别为北偏东 45 度、135 度、225 度和 305 度。

刘斌通过 2 年的实地观测，发现"冬至日，日出的方向正好与两

汇观山遗址 M4 出土玉钺（左）

汇观山遗址 M4 出土冠状器（右）

座祭坛的东南角所指方向一致，约为北偏东 135 度，而日落方向正好与祭坛的西南角所指方向一致，约为 225 度。夏至日，日出的方向正好与两座祭坛的东北角所指方位一致，约为北偏东 45 度，而日落方向正好与祭坛西北角所指方向一致，约 305 度。春分、秋分日的太阳则恰好从祭坛的正东方向升起，约为北偏东 90 度，从祭坛的正西方向落下，约为 270 度。……

另外，瑶山祭坛的东北角、西北角以及正西方都恰好与远山的两

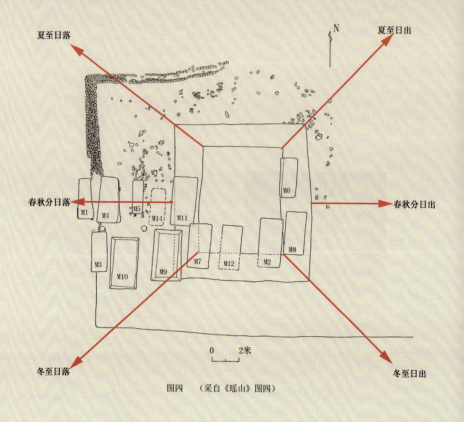

夏至日落　　　　　　　　　　　　　　　N　　　　　　夏至日出

春秋分日落　　　　　　　　　　　　　　　　　　　　　春秋分日出

M6

M1　M4　M5　M14　M11

M3　M10　M9　M7　M12　M2　M8

0　　2米

冬至日落　　　　　　　　　　　　　　　　　　　　　　冬至日出

图四　　（采自《瑶山》图四）

瑶山观象测年示意图

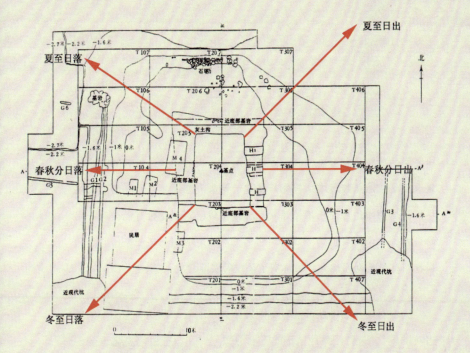

夏至日出

夏至日落

北

石勒

春秋分日落

春秋分日出

冬至日落

冬至日出

图五 （采自《浙江省文物考古研究所学刊》第三辑）

汇观山观象测年示意图

峰之间的凹缺处相对应，正南方则正对馒头山的顶峰，这样的对应位置很显然应该是经过实地勘测后选定的结果。经过了几千年的表面破坏，祭坛的四边可能已不像原初那样精确规范，测量时可能会有一定的误差，但今天我们仍可以利用它们，准确地观测确定一个回归年的周期，这毫无疑问地向我们证实了祭坛的实际功能"[1]。

反山遗址、瑶山遗址的发掘同被评为"七五"期间"全国十大考古新发现"。这两处墓地出土的玉器总数超过了以往良渚文化玉器出土数量的总和，反山墓地人工堆筑的土墩、瑶山墓地所在的回字形祭台都表明了墓主人的特殊社会地位。反山、瑶山的发掘引起了学界的极大关注。

反山、瑶山遗址出土的玉器主要包括三类：器形来源于生产工具的玉钺，表示崇拜、信仰等与神或神权有关的专用器具——玉琮、璧、冠状器等，与特殊礼仪有关的服饰、用具——玉三叉形器、半圆形饰、成组锥形器等。牟永抗认为玉钺的出现是成组玉礼器产生的标志。牟永抗据反山、瑶山的发现进一步深化了"玉器时代"的概念，提出成组玉礼器是玉器时代的主要特征。玉礼器的出现是社会生产力

---

[1] 刘斌：《良渚文化的祭坛与观象测年》，《中国文物报》，2007 年。

发展和社会分工的产物，是中华文明在半月形地带起源时期的主要特征之一 。

四 "良渚遗址群"的提出

1936 年，施昕更在其家乡良渚镇和附近的瓶窑镇进行了多次考古调查和试掘，发现棋盘坟、茅庵里、荀山、钟家村等遗址 12 处，这是良渚遗址第一次科学的考古调查和发掘工作。施昕更在命名时，并未按照单一的遗址点来命名，而是将这 12 处遗址看作一个整体，命名为"良渚遗址"。

1959 年 12 月，夏鼐在长江流域规划办公室文物考古队队长会议上，正式提出"良渚文化"的考古学命名，这对长江下游地区考古学文化的研究及良渚遗址的进一步工作有着重要意义。

上世纪 50 年代至 80 年代初，浙江省文物管理委员会对长坟遗址、苏家村遗址进行了发掘。此外，村民在动土过程中也采集了大量良渚文化的玉器，如 1971 年长命乡桑树头出土大玉璧，1973 年吴家埠山顶出土玉琮、玉璧、石钺等一批玉石器，1978 年荀山白泥矿出土玉璧、锥形器。

1981 年，新成立的浙江省文物考古研究所对瓶窑吴家埠遗址进行了两次较大规模的发掘，在良渚遗址内第一次发现了马家浜文化的遗存，共清理墓葬 28 座，出土玉、石、陶各类器物 650 件。在吴家埠遗址的发掘即将结束时，浙江省文物考古研究所在附近的北湖建材厂租用了 2 亩地，建立了吴家埠工作站，为今后良渚遗址内的考古工作提供了物质保障。

1981 年年底至 1982 年年初，浙江省文物考古研究所王明达等人对良渚遗址群及周边地区进行了有目的的考古调查，调查范围东起塘栖，北至天目山余脉（余杭县与德清县交界的一带），西至彭公，南至勾庄三墩，在遗址群内新发现史前遗址 20 余处，并且在余杭勾庄乡和德清三合乡也发现了数处良渚文化遗址，从而对良渚遗址群内遗址的分布情况有了最基本的了解。

1984 年，王明达、芮国耀等人对良渚镇的河口埭、水口头、莫家里、唐家头四处地点进行了试掘，确认这四处土墩均为良渚文化的"熟土墩"。在试掘前后，王明达、芮国耀等人又三次对良渚遗址进行了专题调查，集中对良渚、长命、安溪三乡镇所属范围进行了勘察，掌握了许多新的线索，对常称为"熟土墩"的土丘有了新的认识。

1985 年，考古所对荀山东坡进行了试掘，在良渚文化地层之下

再次发现了马家浜文化的堆积。1986 年，对反山遗址进行了发掘，
清理良渚文化大墓 11 座，出土随葬品 1200 余件（组）。

　　1986 年，王明达在"纪念良渚遗址发现 50 周年学术讨论会"
上提出了"良渚遗址群"的概念，"目前为止，已知的地点多达
四五十处，其中如吴家埠、反山、黄泥硚等等都是十分重要的遗址
或墓地。在仅仅只有三四十平方千米的范围内，集中了如此密集的
古文化遗址……包括北湖、长命、安溪、良渚四乡的良渚遗址群，
确实是占有相当重要地位的部族聚居中心之一"①。上述四乡在辖区
范围基本未变的情况下，现已合并成良渚、瓶窑、安溪三镇。浙江
省文物考古研究所以考古资料为依据，以良渚师姑坟遗址至安溪羊
尾巴山遗址的连线为东界，小运河（亦称良渚港—庙桥港）为南界，
瓶窑吴家埠遗址为西界，吴家埠遗址经安溪天目山余脉至羊尾巴山
为北界，划定良渚遗址群的范围。1994 年，有关部门对当时确定的
良渚遗址群分布范围进行了测算，得出面积为 33.8 平方千米。

　　反山遗址发掘后，浙江省文物考古研究所在良渚遗址群投入了专

---

①　王明达：《"良渚"遗址群概述》，余杭县文管会等，《良渚文化》（余杭
文史资料第 3 辑），1987 年。

门的考古力量。1987 年，对瑶山遗址进行了发掘，发现了 1 处良渚文化祭坛与墓地复合的遗址，清理良渚文化墓葬 13 座，出土随葬品755 件。1991 年，在瓶窑汇观山遗址发现了与瑶山遗址近似的祭坛与墓地，清了良渚文化墓葬 4 座。1992—1993 年，对莫角山遗址进行了发掘，发现了大量柱洞，确认了良渚时期的大型营建基址。

1987—1993 年，浙江省文物考古研究所还进行了莫角山（1987年）、卢村（1988、1990 年）、庙前（1988—1993 年）、钵衣山（1989年）、上口山（1991 年）、梅园里（1992 年）、茅庵里（1992 年）等遗址的发掘。

1988—1989 年，为配合基建工程，对良渚庙前遗址进行了抢救性发掘，发掘面积约 400 平方米，发现了马家浜文化、崧泽文化与良渚文化等文化堆积。1990 年、1992—1993 年、1999—2000 年又对庙前遗址做了多次发掘。

庙前遗址第一次发掘清理了良渚文化的房屋遗迹 2 座、墓葬 6 座以及河沟 1 条。2 座房址沿着河沟的边缘修建，其中 F1 为长方形双排柱结构，采用先挖坑垫板后立柱的方式建立梁架，屋内、屋外以及柱坑内的填土都统一采用搬运来的纯净黄土铺垫，此次发掘为我们认识良渚文化的房屋建筑方式提供了重要的资料。另外，发现的 6 座墓葬分布于 2 座房屋之间。这种沿河而居、墓葬埋于屋旁的现象，为我们提供了一幅良渚文化普通聚落的生活场景。

1988 年、1990 年，浙江省文物考古研究所对位于余杭市安溪乡上溪村的卢村遗址进行了发掘。卢村遗址是一处近方形的山前台地，面积 20000 平方米，与周围农田的相对高度为 1~2 米。在遗址的中部略偏西北的位置，有一长方形土台，东西长约 60 米，南北宽约 25 米，相对高度约 2 米。通过发掘，主要确定了土台的年代和建筑形状，但未有墓葬和遗物方面的收获。发掘的同时，对周围的姚家墩、葛家村、王家庄、金村等相对集中的台形高地进行了调查和试掘。在姚家墩发现了石砌地面与红烧土地面等较高等级的良渚文化房屋建筑遗迹，刘斌提出了以姚家墩为中心的聚落形态的认识，"姚家墩遗址与良渚遗址群的中心——莫角山遗址遥相对应。这种南北对应的轴线式分布，以及瑶山、汇观山等东西呼应的重要地理位置，更使我们感到，以姚家墩为中心的这组遗迹的重要性，恐怕要远远超出我们目前的认识和想象"[1]。

---

① 刘斌：《余杭卢村遗址的发掘及其聚落考察》，浙江省文化考古研究所，《浙江省文物考古研究所学刊》，长征出版社，1997 年。

　　姚家墩遗址与庙前遗址的发掘，使我们认识到在良渚遗址群内，除莫角山这样的最高等级的具有宫殿性质的建筑遗址外，还有像姚家墩这样的建在土台上的中等级的聚落，以及像庙前这样的建在水边低地的普通聚落。从居住遗址的形式上看，起码可以分为三个等次。

　　1994 年因良渚遗址群工作的需要，良渚工作站成立了。良渚工作站与以前仅作为仓库和工作场所的吴家埠工作站在性质上有很大的不同，它是以良渚遗址群为工作范围的专职工作部门，并肩负着协助行政部门对良渚遗址群进行管理的职责。

　　1996 年，考古所对良渚遗址群的东线进行了专题调查，新发现了严家桥等遗址。截至 1996 年年底，在良渚遗址群约 34 平方千米的范围内，共发现遗址 50 余处。1998 年 4 月至 1999 年 7 月，良渚工作站对遗址群进行了系统调查，使已发现的遗址数量增加到了 110 多处。特别是在原划定的保护区南界以外，新发现了许多遗址，从而完善了对遗址群范围的认识。通过钻探和试掘初步确立了各遗址点的分布范围，对部分遗址的年代和性状也有了一定的了解。[①]

① 浙江省文物考古研究所：《余杭良渚遗址群调查简报》，《文物》，2002 年第 10 期。

2002 年 4—5 月，赵晔、葛建良又对遗址中部进行了地毯式的调查，新确定遗址 16 处，至此良渚遗址群内的遗址数量已增至 135 处。[①] 此次调查后，将良渚遗址群的南边界向南扩展至大雄山及大观山丘陵北麓，形成了一个以南北两山脉为界的自然地理单元。因此，新的保护规划将良渚遗址保护区的范围由原来界定的 33.8 平方千米，扩展到了 40 多平方千米。

芮国耀在《失落的文明——论良渚遗址群》中对良渚遗址群的分区进行了讨论，认为东苕溪将良渚遗址群从地理上分割为南北两大区。"东苕溪南岸的良渚文化遗址大致分布至东西向的自瓶窑到良渚的小运河一线，分为东西两区集群分布。西区以莫角山遗址为中心，是为良渚遗址群甲区。这是良渚遗址群内布列最为密集的区域，分布着近 30 处良渚文化遗址。莫角山遗址面积达 30 万平方米，曾发现良渚时期的大型建筑废弃遗迹……东苕溪南岸东部的良渚遗址绝大部分围绕良渚镇西北的荀山分布，是为良渚遗址群乙区。荀山周围发现的遗址大多是一般的村落遗址。良渚遗址群乙区是为平民的生活区。东

---

① 王明达：《良渚遗址群田野考古概述》，《文明的曙光——良渚文化》，浙江人民出版社，1996 年；浙江省文物考古研究所：《良渚遗址群》，文物出版社，2005 年。

苕溪以北的良渚遗址大多以墓地为表现形态，它们大多分布在天目山余脉的山前坡地或低矮山丘之上。已经经过发掘的有瑶山、钵衣山、梅园里、罗村、上口山（葛家）等遗址。发现玉器的有照山、小竹山、羊尾巴山、金村等遗址。这些遗址或出玉地点，大致呈东西向的条带状分布，几乎点点相连，暂可称为良渚遗址群丙区。"①

① 芮国耀：《失落的文明——论良渚遗址群》，浙江省文物考古研究所，《良渚文化发现六十周年国际学术讨论会文集》，科学出版社，1999 年。

五 莫角山和"最早的杭州"

莫角山遗址是良渚遗址群的中心，整体呈长方形覆斗状，台底东西长 670 米、南北宽 450 米，总面积 30 余万平方米，相对高度约 12 米。这一面积 30 余万平方米的土台原名古尚顶，1992—1993 年在大莫角山南侧发掘时，将这里命名为莫角山遗址。遗址西北不远处就是东苕溪，老 104 国道在遗址南部斜穿而过。遗址中部堆筑起 3 个土丘，分别被称为大莫角山、小莫角山和乌龟山。东北为大莫角山，平面呈长方形，东西 180 米，南北 110 米，相对高度约 16.5 米；西北为小莫角山，东西 100 米，南北 60 米，相对高度约 15 米；西南为乌龟山，东西 140 米，南北 70 米，后期破坏严重，残存相对高度约 7 米。

莫角山遗址大部分是大观山果园的林区，大莫角山、小莫角山和乌龟山之间有 10 余亩为农田，内有水塘和水沟。由于莫角山遗址体量巨大，又被果树覆盖，因此很长时间内莫角山遗址都未被文物部门关注。

1977 年，在南京召开了长江下游新石器时代文化学术讨论会，会后苏秉琦在吴汝祚的陪同下赶往杭州。牟永抗陪同两位专家经由荀山、朱村兜、钟家村等遗址后到达反山。在大观山果园 104 国道旁休息时，苏发表了"古代杭州就在这里"的著名观点。据牟永抗回忆，苏休息的地方即是 1987 年发现烧土堆积的位置。

　　严文明在《良渚随笔》中回忆了这一过程：①

　　记得有一天牟永抗把我们领到良渚遗址参观，先是在荀山一带看了几个地点，看了施昕更曾调查和试掘过的水塘，又看了几个曾出玉器或良渚陶器的地方，最后坐在大观山果园的一块草地上，一边休息一边聊天。

　　"你说良渚这个遗址怎么样？"苏问我。

　　"很大，但是一下子看不很清楚。"我知道苏还要进一步提问，所以只说一个初步的印象。

　　"我是说，它很重要。你看重要在什么地方？它在历史上应该占一个什么位置？"

　　"我看着像良渚文化的中心。打一个不恰当的比方，假如良渚文化是一个国家，良渚遗址就应当是它的首都。"我答。

---

① 严文明：《良渚随笔》，《文物》，1996 年第 3 期。

"你说得也对，"苏停顿了一下，"我本来是想说良渚是古杭州。你看这里地势比杭州高些，天目山余脉是它的天然屏障，苕溪是对外的重要通道。这里鱼肥稻香，是江南典型的鱼米之乡。杭州应该是从这里起步，后来才逐渐向钱塘江口靠近，到西湖边就扎住了。把良渚比喻成首都，也有道理。杭州也做过首都，南宋的首都，那个时候叫临安。这是从政治上说。如果从经济文化上说，杭州应该是丝绸之都，是古越文化的中心。考古学更重视经济文化的研究，所以你说这里是良渚文化的中心或者首都，我说是古杭州，好像我们坐在这里大发奇想，其实都是有道理的。只是还要做许多工作，没有扎实的工作当然不行，但是没有一个想法就去做工作，也难达到理想的效果。"

1987 年，浙江省文物考古研究所配合 104 国道拓宽工程，对莫角山遗址东南部进行了发掘，发现 200 余平方米的坑状烧土堆积，内含大量烧土残块，最厚处达 1.1 米。并发现 1 座随葬鼎、豆、罐的良渚文化小墓叠压烧土堆积，从而进一步证明烧土堆积应不晚于良渚文化时期。经钻探，烧土堆积及其下的人工堆土总厚度达 10 米。这一发现使正在施工的 104 国道最终选择了改道。

1992 年，位于古尚顶高台中部大莫角山南面的长命印刷厂申请扩建厂房，试掘后发现人工夯筑的地层，这引起了考古所的高度重

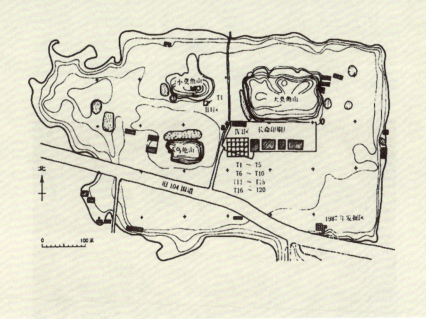

1987 年及 1992—1993 年发掘区位置图

视。经过多次研究并报国家文物局批准后，于 1992 年 9 月至 1993 年 7 月在厂区范围进行了较大规模的发掘，共布 10 米×10 米探方 20 个，实际发掘 1110 平方米，发现良渚文化灰坑 8 个、积石坑 1 个、沟埂遗迹 1 处，各探方均发现沙土夯筑遗迹。

在发掘之前，省测绘部门对莫角山遗址进行了实测，完成了 1:500 的地形图，并以遗址近中心为基点，将遗址分为四个象限区。根据这一划分，大莫角山在第 I 象限，小莫角山在第 II 象限，乌龟山在第 III 象限，1987 年、1992—1993 年发掘的主要区域在第 IV 象限。每个象限区又自里向外分若干 100 米×100 米小区，小区内再划分 10 米×10 米的探方。

沙土夯筑遗存中的夯窝（上）

沟埂遗迹（下）

沙土夯筑遗迹主体由上下两部分组成。上部为黄褐色或暗褐色的沙质夯土，土质致密，分不出夯筑时的堆积小层，这层夯筑土在 20 世纪 80 年代因当地村民大量取沙破坏已所剩无几；下部夯土由沙层和泥层间隔筑成，层数最多可达 13 层，总厚度在 50 厘米左右。各夯筑层厚度并不一致，自上而下沙层逐渐加厚，泥层则逐渐变薄，泥层层面上发现有密集的夯窝。当时初步勘探该夯土遗迹分布面积达 3 万平方米，2017 年再次勘探确认面积达 7 万平方米。

在发掘范围内共发现 45 条沟、48 条埂，呈南北向排列，已揭露部分东西长 37 米、南北宽 18 米，揭露面积达 660 余平方米。沟槽一般宽度 30～50 厘米，平均深度 10～20 厘米，长度不详，间距 15～110 厘米。这些沟埂遗存应该是古尚顶高台夯筑过程中的一种加固工艺。

此外还在小莫角山南面抢救性发掘了 100 平方米，发现同样结构的夯土建筑基址，夯土面上发现成排柱坑。为了最大程度地保存大型夯土建筑基址的完整性，仅对分层进行了局部阶梯状剥剔，利用现代沟做了一定深度的解剖，未做进一步的发掘。

这次发掘使我们对古尚顶中心区的堆筑方式和建筑遗迹有了初步的了解，确认莫角山遗址为良渚文化时期人工堆筑的大型台地，莫角

小莫角山南部的成排柱坑

山遗址被评为当年度全国十大考古新发现。如此规模宏大的建筑遗址以及在反山、瑶山两处贵族墓地出土的大量精美玉器，使人们相信这里可能是良渚文化的中心所在。

Eighty Years of
Archaeology at Liangzhu

良渚遗址考古八十年

第四章 "中华第一城"——良渚古城

一 城墙的发现

　　良渚古城遗址位于余杭区瓶窑镇，在良渚遗址群的西侧。2006
年 6 月至 2007 年 1 月，浙江省文物考古研究所为了解良渚遗址重点
保护区域内农民住宅外迁安置点的地下情况，对瓶窑葡萄畈村高地西
侧进行了发掘，发现了一条良渚时期的南北向河沟。河沟宽约 40 米，
深约 1 米，内有较厚的良渚文化生活堆积。对河沟东岸高地做局部解
剖后，确认这一高地完全由人工堆筑而成，堆筑厚度近 4 米，底部铺
垫了棱角分明的石块。这一发现引起了考古队员的思考，据当地老百
姓回忆，他们在高地的其他位置挖井时也曾发现类似石块。

　　这一遗迹位于莫角山遗址西侧约 200 米的平行位置，推测其可
能是与莫角山遗址相关的城墙遗迹或良渚时期人工修建的大型河堤
遗迹。

　　鉴于葡萄畈遗址的发现，浙江省文物考古研究所向国家文物局申报了 2007 年莫角山遗址周边的考古调查、勘探计划，并得到了批准。良渚古城的发掘由刘斌担任领队，参与的人员有赵晔、王宁远、祁自立、卢希彦、智建荣、郭留通、葛建良、赵章、陈庆胜等。

　　2007 年 3 月开始，首先以葡萄畈遗址为基点，向南向北做延伸钻探、调查和试掘。根据前期发掘对土质和遗迹的认识，确定了三个方面的内容作为下一步钻探寻找相关遗迹的标准：（1）这一遗迹是用较纯净的黄色黏土堆筑的；（2）黄土的底部铺垫石头；（3）黄土和石头遗迹以外是当时的沟壑水域分布区，上层为浅黄色粉沙质淤积层，底部为青灰色淤泥层，靠近遗迹边缘有良渚文化堆积。根据这些标准，2007 年上半年，考古队通过钻探确认了南起凤山、北到苕溪，宽约 60 米、长约 1000 米的遗迹。

　　为了验证钻探成果，考古队选择旧 104 国道北部的白原畈段进行解剖、发掘。因为白原畈段的高地靠近苕溪，高地的堆土在历次修筑大堤时已经被取掉了，钻探发现的石头地基距离地表只有 40 厘米左右，水稻田下面就是良渚文化的堆积。在这里发掘不仅见效快，而且可以尽可能地减少考古发掘对城墙的破坏。根据钻探所反映的堆积状况的不同，在此开挖 4 条探沟进行解剖。

解剖进一步肯定了这一遗迹在分布和堆筑方式上的连续性，确定在遗迹的内外两侧都有河沟分布，河沟边缘普遍叠压着良渚文化的生活堆积，陶片特征与葡萄畈段所出陶片一致。

经过半年的钻探发掘，遗迹南端延伸至自然山体凤山，而北端则被压在了现在东苕溪的大堤下面。这到底是城墙还是良渚时期修筑的苕溪大堤呢？如果是围绕着莫角山的城墙，那么北墙在哪个位置，南墙在哪个位置？

2017年下半年，在葡萄畈和白原畈考古工作的基础上，考古队带着这样的猜测继续进行钻探工作，至11月上旬确认了北、东、南三面的遗迹分布。良渚古城的发掘领队刘斌回忆了这一寻找城墙的经历[①]：我们一组沿着凤山向东寻找，另一组沿着河池头的南面向东寻找。可是几天下来，一点苗头都没有。于是我们改变策略，大家集中在一起重点寻找北城墙。河池头南面没有，我们又到河池头北面寻找。功夫不负有心人，我们终于在2007年6月9日发现了河池头村高地下面的第一片石头。西墙的断线终于又看见了一线光明，这是何等的让人激动啊！我们沿着新发现的目标，向两端延伸，一个孔接着一

① 浙江省文物考古研究所：《良渚古城综合研究报告》，文物出版社，2019年。

个孔地寻找，目标是黄土和下面的石头，以及边界外面的洪水层和淤泥。直到9月28日，我们钻探确认了从苕溪大堤到雉山的800多米长的墙体。北墙找到了。可这真的是北城墙吗？我们又面临着同样的问题。我们找到的北城墙在接到雉山上之后，又消失了。此时还是不能排除这是古代苕溪大堤的可能性，因为这一段与北面的苕溪大堤还是相平行。

从2007年10月1日开始，我们在雉山东面设定了几条钻探目标，一是沿雉山一路向东北方向，如果找到了，那就是苕溪的大堤；二是沿雉山向南钻探，把雉山设定为城墙的转角；三是沿雉山东面的前山向南的高地钻探，把前山设定为城墙转角。第一条在雉山和现在苕溪大堤之间，来回寻找，一直钻探到安溪的杜城村，也未能发现可疑目标。第二条在前山南面的高地下面，也未能找到我们要寻找的石头地基。而雉山向南的钻探也迟迟未能发现石头的踪迹。难道真的是古苕溪的大堤吗？到10月下旬，我们几乎探遍了从雉山、前山到旧104国道之间的南北1000多米长的范围，最后终于在金家弄村北面的一块叫"外逃顶"的农田里钻探到了下面的石头。有了目标，我们迅速向南北扩大，北面连接到了雉山的东面，南面一直到小斗门村。当确准无疑是东城墙后，我就开始理直气壮地向考古队员们宣布："这回可以肯定是城墙，而不是苕溪大堤了。"

10月27日南城墙被顺利地确认了，东起小斗门村西，西至东杨

西城墙白原畈段发掘现场（上）

城内勘探场景（下）

家村，与凤山东坡相连，全长约 1600 米。至此一个东西约 1700 米、南北约 1900 米，总面积约 300 万平方米的四面围合的良渚古城，已经真真切切地摆在了我们的面前。真的不敢相信它竟是那么庞大，远远超出了我们以往对于良渚文化的认知。

为了尽快证实钻探成果，考古队在北面开挖 2 条探沟，东面和南面各开挖 1 条探沟，进行解剖性发掘。通过勘探和发掘两方面确认，这一遗迹是四面连续的，其宽度多在 40 ～ 60 米，底部普遍铺垫石头，上面主要用黄土堆筑，从堆筑方式上也表现出了四面的一致性。这种四面围合的封闭式的遗迹现象应属城墙。四面探沟中在城墙坡脚处均叠压有良渚文化堆积，所包含的陶片都属于良渚文化晚期阶段，这也为确认四面城墙的一体性和同时性提供了可靠依据。另外，葡萄畈的城墙顶部也发现了属于良渚文化晚期的堆积，发现了柱洞等遗迹，并出土了许多陶片。在西墙白原畈段，发现了打破城墙的良渚文化晚期灰坑。这些说明城墙顶部在良渚文化晚期曾有人居住。

2007 年 11 月 29 日，浙江省文物局与杭州市人民政府正式举行新闻发布会，宣布良渚古城的重大发现为"石破天惊""中华第一城"。

以前基于对反山、瑶山、汇观山等贵族墓地材料的认识，学界普遍认为良渚遗址群的繁荣期应该集中在良渚文化早中期。良渚古城城墙坡脚处叠压了大量良渚文化晚期堆积，出土的大量陶器标本为认识良渚文化晚期的文化面貌及陶器演变规律，以及良渚文化与钱山漾文化、广富林文化的关系提供了新的材料。

在钻探和发掘的过程中，考古队发现良渚古城周围在当时应存在较大面积的水域。这些水域和低洼地，在良渚文化晚期以后普遍被自然淤积层填平。这层厚约 1 米的浅黄色粉沙质的淤积土直接叠压着良渚文化晚期堆积，反映出良渚文化末期这一带曾发生过洪水。

良渚古城是长江下游地区首次发现也是目前唯一发现的良渚文化城址，是中国目前所发现的这一时期面积最大的城址。城内有面积 30 余万平方米、高约 10 米的莫角山大型人工堆筑基址，还有反山贵族墓地等重要遗址。良渚古城城墙的发现对进一步认识良渚遗址群内各遗址点的内在联系和布局提供了新的材料。良渚古城的发现进一步证明这里是良渚文化的中心，是都邑性质的大型遗址，是中华 5000 年文明的实证地。[①]

....

① 浙江省文物考古研究所：《杭州余杭良渚古城遗址 2006—2007 年的发掘》，《考古》，2008 年第 7 期；浙江省文物考古研究所：《良渚古城综合研究报告》，文物出版社，2019 年。

　　良渚古城发现后，浙江省文物考古研究所制定了详细的考古工作规划，按照张忠培提出的"三年目标，十年规划，百年谋略"的方针，认真梳理了良渚遗址已有的资料与存在的问题，制定了良渚遗址考古工作的短期任务与长远目标，其中对良渚古城布局和内外结构的研究是近年的工作重点。

　　2008—2012 年，浙江省文物考古研究所与良渚遗址管委会委托相关单位对良渚古城进行了大范围的无人机航拍航测，获得了 120 平方千米的高清数字正射影像和配套的 1∶2000 的矢量地图；对以古城为核心的 20 余平方千米范围进行了重点测绘，获得了这一区域 1∶500 的详细地形图，这为良渚遗址地理信息系统的建立提供了基础资料。

　　2008—2009 年，浙江省文物考古研究所与陕西龙腾勘探有限公司共同对良渚古城约 8 平方千米的范围进行了详细勘探，初步搞清了良渚古城城内外的遗址布局、水系环境以及城墙的分布情况。

　　勘探明确了良渚古城略呈圆角长方形，正南北方向，南北长约 1910 米，东西宽约 1770 米，总面积约 300 万平方米。城墙周长约 6000 米，宽 20~150 米，保存较好的地方高约 4 米，其他地段多呈断续的台地状态，一般残高约 2 米，西墙北段由于靠近东苕溪，早年修筑大堤时被取土挖掉，残高仅 0.3 米左右。

钻探共发现 8 座水城门和 1 座陆城门。水城门分布于四面城墙，每面城墙各有 2 座，城内外河道经水门相连，构成内外水网与水路交通体系。在南城墙的中部发现 1 座陆路城门。水路应是当时的主要交通方式。

除南城墙外，城墙内外均有城河，内外城河多沿城墙边分布，城河可能利用了原来的自然河道，西南部和西北部的内城河部分河段明显为人工开挖而成。外城河在良渚文化末期被洪水淤积层填平，而内城河有很多河段一直保留到今天。北城墙内城河大部分保留完好，现在当地村民仍然在使用，称之为"河池头"。其他内城河往往可见局部残留的水塘。

城内中心区域为莫角山宫殿基址，占整个古城的 1/10。另外有皇坟山等人工堆筑的高台，应是城内重要的建筑基址。位于莫角山西侧的反山、姜家山、桑树头等墓地，应是城内的墓葬区。

古城城墙充分利用自然地势夯筑而成，在选址时，将凤山和雉山两座自然山体作为城墙的西南角和东北角。北城墙西端也利用了原来的黄泥山作为城墙的一部分，并将山体黄土用作筑墙材料。

　　城墙由主体和内外马面及护坡组成。共发现马面 52 处，其中内马面 24 处，外马面 28 处。城墙主体底部普遍铺垫石块，大部分马面底部也同样铺垫石块，仅靠近凤山、雉山和北墙西端黄泥山附近的墙体夯土下未见石块。四面城墙墙体均由取自山上的黄色黏土分层夯筑而成，城墙内外坡脚均被良渚文化晚期地层叠压。

二 城内的考古工作

良渚古城城墙的发现为进一步认识良渚遗址群内各遗址点的内在联系和布局提供了新的材料。城墙这一极具标识的遗迹的发现，使我们对莫角山及城内各遗址的性质和功能有了进一步的理解。

2009 年以来，重点对古城核心区进行了勘探、解剖和发掘，至2017 年，基本搞清了良渚古城外城以内 6.3 平方千米范围内的基本格局。

规模宏大的莫角山遗址，东西长约 670 米，南北宽约 450 米，总面积约 30 多万平方米。莫角山宫殿区由古尚顶大型土台和上面的大莫角山、小莫角山和乌龟山三个小型高台组成，除乌龟山顶部被破坏未发现建筑遗迹以外，大莫角山、小莫角山和古尚顶顶部都发现了房屋遗迹。考古发掘证明，莫角山的人工堆积厚度可达 10 余米，在中心部位有大面积的沙泥夯筑层和建筑遗迹。如此大规模营建考究的遗址，在整个良渚文化分布范围内，乃至同时代的其他新石器文化中，都是十分罕见的，这里应是良渚文化某个时期或某个区域的中心所在。

莫角山宫殿区西部有一条依自然土岗人工堆筑而成的南北向长条形台地，分布着多处良渚文化权贵墓地，反山、姜家山、桑树头即位于这处台地上。莫角山宫殿区南部是皇坟山，皇坟山的最高处为八亩山，是一处长方形人工堆筑。八亩山与大莫角山南北相对，处于一条线上，尺寸、高度基本相当，推测是宫殿台基。皇坟山西南部曾出土玉璧等，推测存在贵族墓地。莫角山宫殿区西部的长条形台地和皇坟山可能是良渚古城的王陵及贵族墓地所在。

除城墙内外有城河夹抱，古城内部水系略呈工字形沟通，经勘探确认古河道 51 处。

(一) 莫角山宫殿区

1993 年以后，很长时间内莫角山遗址未再进行正式的考古发掘工作。2010—2016 年，我们对莫角山遗址进行了持续不断的考古发掘工作。在发掘过程中遵循以下的工作次序：先勘探确认台地边界和范围，再对台地边缘进行解剖，同时在台地上布设纵横的长探沟，寻找房址和墓葬等可能存在的遗迹，如果有所发现，再对房址和墓葬进行全面的揭露。在发掘过程中，一般采取非完全发掘的方法，仅揭露至良渚文化层表即止，即揭露台地上最晚阶段的遗迹分布情况。这种发掘方式可在保护遗址本体的情况下对遗迹有充分的认识。

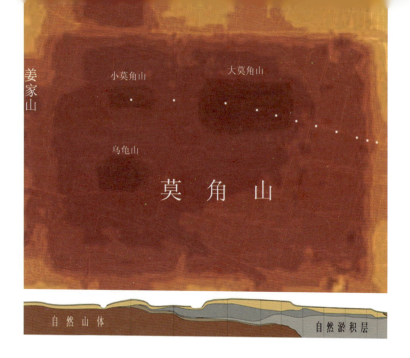

小莫角山　　　　　大莫角山

乌龟山

莫 角 山

自 然 山 体　　　　　　　　　　　　　　　自 然 淤 积 层

钻探显示的莫角山遗址堆筑过程

2010—2013 年，我们采用机钻和铲钻相结合的方式对莫角山及邻近的姜家山、桑树头、皇坟山进行了三次系统钻探。铲钻也就是一般的探铲钻探，但由于宫殿区东部堆筑土很厚，钻探难度较大，所以借用了地质工作中常用的钻孔机，以机钻方式了解土台的堆筑情况。

通过机钻和局部解剖发掘，确认莫角山西部利用了原有的自然山体，人工堆筑厚度 2～6 米，莫角山东部的人工堆筑厚度 10～12 米。其中人工堆筑最厚处在大莫角山，厚度 16.5 米，相对高度约 15 米，整个工程的土方量为 228 万立方米，接近古埃及胡夫金字塔的石方量（约 250 万立方米）。

钻探显示，在莫角山的堆筑过程中，首先以青灰色沼泽土堆筑基

莫角山遗址钻探工作照

础，再用纯净的黄土堆筑形成古尚顶土台和大莫角山、小莫角山和乌龟山这三座宫殿台基。

　　勘探工作确认了古尚顶及其上三座宫殿台基的四面边界。在勘探的基础上对莫角山及其上三座宫殿台基的边界进行了局部解剖发掘，明确了土台的边界和堆筑结构，确认古尚顶东坡黄土呈块垄状堆筑，莫角山西坡与姜家山之间有一条河沟。

最后，对大莫角山、小莫角山以及古尚顶台地采取长探沟并配合探方全面发掘、边界局部解剖等方法进行了较大规模的发掘，确认了莫角山宫殿区内的围沟、房基、沙土广场、沙土面、石头墙基等大型遗迹的分布情况。莫角山宫殿区内共发现房基 35 座、围沟 1 处、石头遗迹若干。

位于古尚顶高台东北部的大莫角山土台底东西长约 175 米，南北宽约 88 米，总面积达 15000 平方米，土台顶部略呈西高东低状，最高处海拔为 18 米，人工堆筑最厚处达 16.5 米；位于古尚顶高台西北部的小莫角山东西长约 90 米，南北宽约 40 米，面积约 3500 平方米，土台顶部略呈东高西低状，最高处海拔约 17 米，人工堆筑厚度约 15 米；位于古尚顶高台西南部的乌龟山东西长约 130 米，南北宽约 67 米，面积约 8500 平方米，最高处海拔约 16.5 米，晚期破坏严重，现存人工堆筑厚度约 7 米。

大莫角山是古尚顶土台上三座宫殿台基中面积最大的一个，同时也是良渚古城内相对高度最高的地点。站在大莫角山台基上，视野十分广阔，城内外以至大遮山与大雄山之间都十分清晰，有一种君临天下的感觉。

通过钻探、解剖和发掘确认，当年在用取自沼泽地的青淤泥堆筑

古尚顶土台的基础部分时，就将大莫角山土台的范围预先堆筑得高出周边 2~3 米。这说明大莫角山土台与古尚顶土台的建设都是预先设计好的。

通过发掘，在莫角山遗址共确认房基 35 座，其中大莫角山顶部 7 座，面积 300～900 平方米，或为国王的居所；小莫角山顶部 4 座，面积 100～400 平方米；古尚顶高台 24 座，成排分布，面积 200～1000 平方米。

在大莫角山南部、小莫角山南部、乌龟山南部及三座宫殿台基之间存在一处面积达 70000 平方米的沙土广场。1992—1993 年发掘时就已有一定程度的揭露，当时揭露的沟埂遗迹、柱坑遗迹均位于沙土广场上。

大莫角山、小莫角山顶部建筑想象复原图

　　沙土广场是以一层沙、一层泥交错夯筑而成的，沙土部分主要是河沙，掺杂泥土和石头颗粒，泥土主要为取自山上的黄色黏土，质地坚硬，制作考究，是古城内外唯一明确的夯筑遗存。沙土广场由黏土和沙土相间夯筑而成，采取平夯的工艺，夯筑层次清晰，曾剥剔出明显的夯窝，夯层多的达15层，各夯层一般厚5～25厘米，夯筑总厚度30～60厘米，大莫角山南部最厚处可达130厘米。沙土广场应是莫角山宫殿区内举行重要仪式的场所。

　　大莫角山北部和南部的东西向石头墙基可能是大莫角山的围墙基础。另外在大莫角山东部、大莫角山围墙以东还发现与围墙相连的多条石头遗迹，结构较为复杂，目前已揭露南北向和东西向的石头遗迹各 3 条。这一区域的石头遗迹东西长 93 米，南北宽 60 米，面积达 5580 平方米。发现的石头遗迹纵横交错，组成多个框状结构，其中一处保存较完整的长约 25 米，宽约 23 米，面积达 570 平方米。石头遗迹一般宽 30～75 厘米，厚 10～40 厘米，石块直径多为 15 厘米。在部分石头遗迹范围内可见沟槽迹象，说明在砌筑石头之前曾挖有沟槽，推测这些石头遗迹应当为当时院墙的石头基础部分。

莫角山遗址与姜家山之间的河沟在古尚顶西北角和西南角变宽，形成两道河湾，并最终与内城河相通。在古尚顶西南坡发掘中最重要的收获是揭露了一片草裹泥堆筑层及与之关系密切的木构遗迹和竹编遗迹。

2013 年西南坡发掘时在草裹泥堆筑层底部的河道淤泥层发现 3 个并排铺垫的竹片，总长 6.9 米，宽 1.2～1.5 米，竹片均由小竹子编制而成，尺寸各异，编制方式也略有差异。

位于中间的一块竹片保存得最好，长约 227 厘米，宽约 150 厘米，由 40 根东西向的竹子及 5 道南北向竹子穿插编织，其中东西向竹子略粗，直径约 3 厘米，南北向竹子由 9 根直径约 2 厘米的小竹子并排构成。

古尚顶西南坡出土的木桩和竹片遗迹

在竹片两边及竹片之间发现由木桩组成的木构遗迹，目前已经揭露木桩 36 根。木桩底部削尖，插入原河道淤积土中，木桩顶部还发现有榫卯结构，制作考究，且间距适中，怀疑是铺设于河岸淤泥上的临时施工通道。2015 年，对西南坡做了进一步的发掘，发掘显示木构遗迹的东部和北部均呈延伸状，据此推测木构遗迹可能在草裹泥堆筑过程中起加固作用。

姜家山墓地平面图

（二）姜家山墓地

姜家山位于反山墓地以南，2012 年经勘探确认为一处独立的遗址。遗址平面大致呈长方形，东西长约 270 米，南北宽约 220 米，面积约 50000 平方米，最高处海拔约 14 米。整个姜家山土台依托自然山体堆筑而成，人工堆筑厚 2～5 米。

通过 2013 年和 2015 年两次发掘，确认姜家山遗址分为东西两部分，东西功能不同。东部地势较高，发现房基、灰沟、灰坑及大量红烧土堆积等遗迹，证明此处存在着大面积的居住区；西部呈缓坡

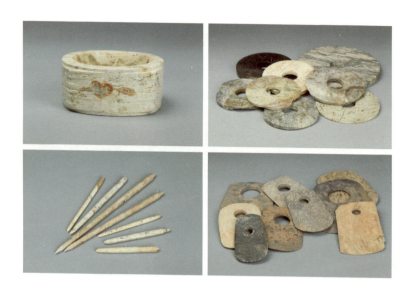

姜家山 M1 出土部分随葬品

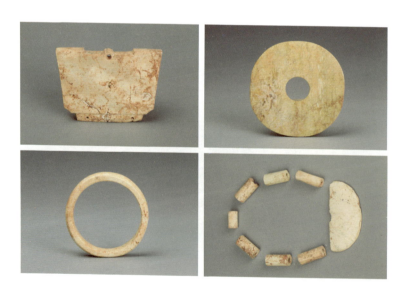

姜家山 M8 出土玉器

状，揭露了 1 处良渚文化早期贵族墓地，清理墓葬 14 座，出土随葬品 425 件（组），包括玉器、石器、陶器、骨器等，玉器占绝大多数，共 363 件（组）。

M1 是姜家山墓地等级最高的男性墓，为长方形土坑竖穴墓，棺椁俱备，随葬品基本位于棺内。人骨保存情况较差，仅能分辨出头骨、部分肋骨等，头向朝南，面向、年龄皆不详。出土随葬品 65 件（组），以单件计 175 件，其中玉器 54 件（组），以单件计 164 件，包括玉琮 1 件、玉璧 9 件、石钺 9 件、成组锥形器 1 组 7 件、冠状饰 1 件、三叉形器 1 组 2 件以及柱形器、端饰、大量管珠等。根据出土的成组锥形器、玉琮、玉钺等，推测墓主人为男性。

M8 是姜家山墓地等级最高的女性墓，为长方形土坑竖穴墓。人骨保存极差，仅能分辨出头骨、肋骨和两侧胫腓骨，头向朝北，面向、年龄皆不明。出土随葬品 67 件（组），以单件计 94 件，其中玉器 59 件（组），以单件计 86 件，包括玉璧 1 件、玉璜 2 件、玉镯 1 件、冠状饰 1 件、玉纺轮 1 件。根据出土的玉璜、玉纺轮、过滤器，推测其为女性墓。

姜家山最高等级的男性墓 M1，等级介于反山墓地 M17 和 M15 之间，大致相当于反山墓地的第三等级。此外，墓地中既有高等级贵族墓葬，如 M1、M6 等男性墓和 M8、M4 等女性墓，也有随葬品较少的普通居民甚至小孩的墓葬，这一特征也明显不同于反山墓地，而与文家山墓地更为接近，可能是一处家族墓地。姜家山墓地出土玉器形态和风格与反山墓地出土玉器接近，可大致推断墓地年代与反山墓地相当。

姜家山墓地的发掘使我们认识到城内宫殿区与王陵及贵族墓葬分处东、西，区分明确，并证实莫角山宫殿区和由反山、姜家山、桑树头组成的王陵与贵族墓葬以及皇坟山台地等组成良渚古城的核心区域。

（三）钟家港古河道

钟家港古河道位于莫角山宫殿区以东，大致呈西北—东南走向，南起良渚港，北接城内北部的东西向古河道，并与北城墙内城河相连，是贯通良渚古城南北的主干道。经考古勘探确认，钟家港古河道总长度约 1000 米，宽 18～80 米，深约 3 米。

河道两岸分布着许多良渚文化时期的人工台地，在台地上生活的人直接在河边倾倒生活垃圾，因此河道边的废弃堆积中有大量的陶片等遗物，加上淤泥沉积，最终使河道变窄变浅。在良渚文化晚期阶

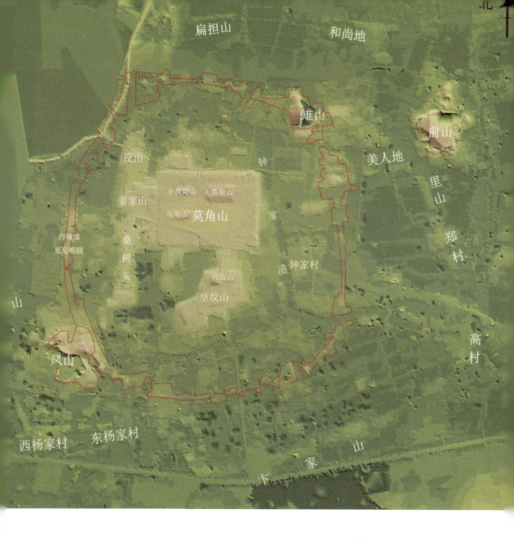

扁担山 和尚地

雉山 前山 美人地

反山 里山 郑村

钟 家

小莫角山 大莫角山 姜家山 乌龟山 莫角山

西城墙 姑苏豌殿 桑树头 港钟家村

卞 家 山 高村

乌龟山 天渚山 皇坟山

凤山

西杨家村 东杨家村

良渚古城数字高程模型（DEM）

段，这条古河道的中段（莫角山宫殿区以东部分）逐渐被填平，并形成了一片从莫角山宫殿区一直延伸到东城墙的台地。作为沟通南北的功能虽然逐渐失去了，但是河道所在位置仍是低洼地，如今仍有一条南北联通的排水沟渠。

2015 年下半年至 2016 年，为了配合良渚古城申遗工作，我们对良渚文化时期的古地貌进行了标识和局部复原工作，了解了河道内的堆积以及两岸台地的性状，并对钟家港古河道进行了发掘。通过发掘，我们对钟家港古河道的年代、淤积过程以及河道两岸台地的功能有了初步了解。

由于钟家港古河道较长，为便于考古发掘记录与表述，按照现地貌的不同，我们将莫家山宫殿区东北角对应位置以北称为钟家港北区，莫家山宫殿区东北角对应位置至老 104 国道以北称为钟家港中区，老 104 国道以南称为钟家港南区。

钟家港古河道由于紧邻两岸台地，因此河道堆积中存在大量的陶器、石器以及漆木器等遗物。此外，通过淘洗还发现了大量的动植物遗存以及少量人骨标本。

钟家港南段的两岸均为台地，西岸为李家山台地，东岸为钟家村

钟家港南段西岸李家山台地揭露的护岸遗迹

台地。西岸的李家山台地边缘揭露出保存良好的木构护岸遗迹。木构护岸遗迹紧贴土台东缘，揭露的一段长 32 米，由竹编物、木桩构成，中部木桩之上有一横木，横木以南仅有木桩而没有竹编物。其营建方式是用竹编物紧贴土台，然后在竹编外打上木桩。此次揭露木桩 63 根，绝大多数为圆桩，仅 2 根为方桩。木桩直径在 7～16 厘米，间隔 30～40 厘米。竹编物主要由大量竖向直径 1～2.5 厘米的细竹和横向 1～5 根细竹交叉编织而成，宽度多在 50～80 厘米，个别可达 90 厘米。

钟家港南段东岸的钟家村台地上发现了大片的红烧土堆积，台地边缘堆积中出土了较多燧石石片、玉料、玉钻芯、石钻芯等遗物，说明此段河岸台地应该主要是玉石制作的手工业作坊区。

钟家港中段靠近莫角山宫殿区，河道内堆积包含遗物较少，通过勘探和发掘可知，此段河道大部分区域在良渚文化晚期被填平，底部填筑了草裹泥，顶部以纯净的黄土和沙土交错填筑。相对钟家港南区、北区，中区出土的遗物较少，也未见与手工业制作相关的遗物，说明莫家山宫殿区的性质特殊。

钟家港中区的发掘和解剖，基本明确了莫家山东坡四个阶段的堆筑过程，古河道的堆筑与台地的堆筑层相对应。其中最早阶段河道废

钟家港古河道出土的木器半成品（上左）

钟家港古河道出土的玉钻芯（上右）

钟家港古河道出土的石钻芯（下左）

钟家港古河道出土的燧石石片（下右）

弃堆积中出土了较多的良渚文化早期偏晚阶段的陶器、石器等，该层直接叠压在莫角山东坡堆筑土，经碳 -14 测年确认其年代为公元前 3000—前 2900 年，大致与反山水利系统同时，证实了莫角山宫殿区的堆筑和最早使用的年代。

钟家港北段东西紧邻台地，通过对河道西岸的发掘确认河道西岸经过多次使用和扩建逐渐变窄，最终在良渚文化晚期后段被完全填平。钟家港北段的堆积中也发现了石钺坯、被切割的骨料等与手工业制作相关的遗物。

2016 年在钟家港古河道发掘中出土了数量较多的玉钻芯、石钻芯以及木盘等半成品，结合以前卞家山遗址、文家山遗址出土的漆木器残件及玉石加工废料等分析，推测良渚古城城内除贵族和统治者外，应主要是手工业者的居住区。

三 寻找外郭城

2010 年，浙江省文物考古研究所以探寻良渚古城的外郭城为主要目标，经过 1 年多的考古调查钻探以及对以往相关资料的分析，基本确定了良渚古城北面的扁担山—和尚地遗址、东面的里山—郑村—高村遗址和南面的卞家山遗址，这构成了良渚古城外郭城的形态。扁担山到卞家山南北相距约 2700 米，里山—郑村到张家墩东西相距约 3000 米，总面积约 8 平方千米。

在古城发现之前，良渚遗址群内是以遗址点作为基本观察单位的。良渚古城的发现使我们认识到，许多原先单列的遗址点其实是同一遗迹（如城墙）的不同位置。在寻找外郭的过程中，我们以城墙的基本形态作为参考，特别注意同属良渚时期、外形呈长条状的遗址点以及能构成线状或框状结构的若干遗址点。但由于这些遗址晚期破坏严重，未能完整地展示出城墙的基本形态，因此采用地理信息系统（GIS）制作数字高程模型（DEM）对现代地形进行分析，取得了显著的效果。

数字高程模型就是根据地形的海拔，将地图上不同高程的区域填以不同的颜色。即使城墙被破坏后呈现出若干分散的小段，而高程基本一致的话，在数字高程模型中仍显示为相同的颜色，这样就容易把它们联系起来。

莫角山的长方形轮廓以及其上的大莫角山、小莫角山、乌龟山三个高台在数字高程模型上十分清晰。北部扁担山—和尚地两处高垄东西对称，扁担山西接黄泥口的南北向高地，和尚地向东为前山，构成古城北部的外围屏障。

雉山与前山之间分布着周村等台地遗迹，与西南部的凤山周边一样，存在结构复杂的防卫居住体系。城墙东面与前山对应的里山—郑村—高村等高地，构成外郭城的东墙；卞家山遗址构成外郭城的南边界；卞家山西段北折，在南城墙西水门东侧与城墙相连。

古城西南部凤山外围也有一较小的方形框体，南部处于南城墙的延长线上，通过东杨家村与南墙相连，在西杨家村北拐，由杜山、文家山构成西边界，再从仲家山向东拐，与西城墙相连。

古城西部外围，今华兴路西侧，现被道路和建筑占压，有张家墩、阳山等零星遗址。因此处靠近东苕溪，历史上多掘取周边的土墩用于修筑堤塘，附近西城墙白原畈一带的堆土因此被取平，此处原有

扁担山　　　和尚地

雉山

前山

美人地

莫角山

里山

郑村

凤山

山

高村

西杨家村　东杨家村

卞家　山

良渚古城数字高程模型
此数字高程模型中颜色越靠近黄色代表海拔越高，颜色越靠近绿色代表海拔越低

外郭结构可能已被破坏。另外钻探显示，此处当时存在大片的水域，因此不排除直接以水面作为屏障的可能。

古城西南部的文家山、仲家山、张家墩及南部的卞家山等遗址在1999 年已被勘探确认。2009 年开始，在对城外区域进行勘探的同时，对北部的扁担山、东部的美人地和里山等地进行了解剖发掘。[①]

文家山遗址位于良渚古城的西南部。遗址依托海拔 7.1 米的自然山体，文化堆积自中部向四周倾斜增厚，面积约 5000 平方米。1996 年瓶窑镇建设华兴路时，遗址西部被破坏。2000 年 11 月，因瓶窑镇申请在文家山西南部建办公楼，浙江省文物考古研究所进行了抢救性发掘，发掘面积共 600 平方米。

文家山遗址发掘区的文化堆积大致经历了三个阶段：最先依托山体曾构筑过一个土台，因为揭露面积有限，具体形态和性质不明；随后在文家山西南部形成一个良渚文化墓地，先后埋设过多批墓葬；墓地废弃后，整个遗址覆盖了一层较薄的良渚文化晚期后段堆积。

----

① 　浙江省文物考古研究所：《杭州市良渚古城外郭的探查与美人地和扁担山的发掘》，《考古》，2015 年第 1 期。

此次发掘共清理墓葬 18 座。墓葬大致呈两排分布，皆为长方形竖穴土坑墓，墓坑长 2~3 米、宽 0.6~1.2 米。部分墓葬尚存葬具痕迹，其中墓坑最深的 M8 还可以看出凹弧形葬具的木质纹理。人骨保存状况普遍较差，仅见零星的骨渣和牙齿。

依据随葬品数量和质量，墓葬可分为大、中、小三个等级。大型墓葬仅 M1 一座。M1 位于墓地西侧，墓坑长 285 厘米、宽 133 厘米、残深 18 厘米，有葬具痕迹。随葬品置于棺内，北部以石钺和陶器为主，南部以玉器为主，两件玉璧发现于北部墓主人脚端。随葬品共 106 件，其中石钺达 34 件，其余皆为玉器和陶器，分别为玉璧 2 件、冠状饰 1 件、镯 1 件、锥形器和坠 6 件、珠（管）69 件，陶鼎、豆、尊各 1 件。中型墓葬有 M16 和 M13 两座，随葬品均超过 20 件，并随葬有玉瑗、梳背、镯、成组锥形器等。其余皆为小型墓葬，随葬品数量在 2~18 件，陶器有鼎、豆、罐、杯、盆、纺轮等，石器多为钺、仅少量镞，玉器均为锥形器、珠、管、坠、隧孔珠等。

整个墓地延续时间从良渚文化中期前段至良渚文化晚期前段，时间跨度长达数百年。不同等级的墓葬同处一个墓地，表明这里是一处家族墓地。

除了墓葬内出土的近 300 件器物，地层及遗迹单位也出土了 100

文家山遗址 M1 局部

多件器物，以石器居多。石器种类有钻芯、锛、镞、镰、网坠、斧、
钺、凿、砺石等，其中钻芯达 20 多枚，它们大小、厚薄不一，单面、
双面钻均有。这些石器加工中产生的废弃物说明文家山存在手工业作
坊区。

杜山位于文家山遗址以南约 100 米，该遗址在华兴路建设时也遭
到破坏。残存的遗址呈长方形，东西约 30 米，南北约 20 米，高出农
田 1 米多。2001 年进行了发掘，确认这是一处良渚文化土台，并清
理了多个灰坑。

文家山遗址出土石钻芯（左）
文家山遗址出土玉琮残件（右）

仲家山位于文家山西北部，两者相距不足 20 米。遗址呈长方形，西高东低，东西长约 50 米，南北宽约 30 米，高出周边农田 1～2 米。瓶窑镇修建华兴路时将其一分为二，东半部随之被夷平。从残留的高墩剖面观察，表土以下 0.5 米即为文化层，经钻探确认，文化层厚约 2 米。

2000 年 9—11 月，为配合华兴路西侧的住宅区开发项目，浙江省文物考古研究所对仲家山遗址西部约 300 平方米的残墩进行了抢救性发掘，发掘面积 250 平方米。发掘工作证实，这是一处高约 2 米的良渚文化土台，并清理了墓葬 4 座，出土随葬品 37 件。从墓葬规模及随葬品看，其等级相当于文家山小型墓葬。

张家墩遗址西南距文家山遗址 250 米。遗址大致呈长方形，东西约 200 米，南北约 120 米，高出周边农田 1～2 米。遗址大部分被现代民宅覆盖，周边已被高层公寓包围。2005 年在遗址西部进行了试掘，确认表土下即为良渚文化土台。

文家山、杜山、仲家山和张家墩遗址均位于良渚古城西南部，是依托自然山体形成的居住地和墓地，在良渚文化晚期成为良渚古城外郭城的一部分。

卞家山遗址呈东西向长条形，长约 1000 米，宽 30～50 米，高出农田 1～2 米。2002 年进行了试掘，2003—2005 年进行了 3 次发掘。发掘区位于遗址西部，发掘面积共计 2600 平方米。清理良渚文化墓葬 66 座、房址 1 处、灰坑 5 个、灰沟 3 条、木构码头遗迹 1 处，出土陶、石、玉、骨牙、漆木、竹编等各类文物 1400 多件。

发掘区北部为良渚早中期至晚期的墓地，中部为良渚中晚期先后沿用的两条大型灰沟，南部为良渚晚期的水埠及木构码头。遗址由北往南扩展，延续时间长达数百年。

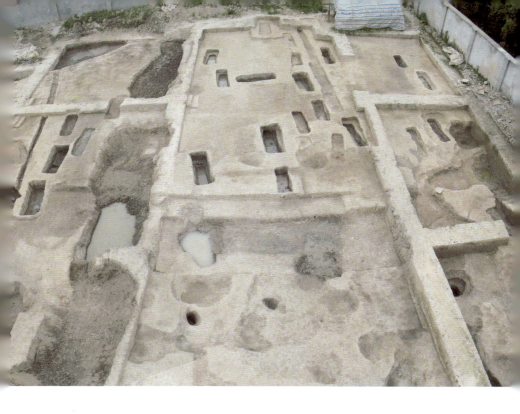

卞家山遗址墓葬

墓地经过多次扩展，大致经历了四个阶段。墓葬规格较一般，随葬品差别不大，平均每墓 7 件。墓坑长 1.8～2.75 米，宽 0.5～0.95 米，残深 0.1～0.84 米。多座墓葬的葬具尚存木质纤维，有的能辨明由上下两块弧形木板相扣而成。个别墓葬的人骨架保存较好，尚能看出大致的人体形态。有一定比例的小孩墓，随葬品与成人相当。墓葬头向一半朝南，一半朝北，个别朝东，这与良渚文化墓葬大多朝南的葬俗有较大差异。随葬品共计 460 多件，其中陶器近半数，玉器较多，石器偏少。陶器以鼎、豆、罐、盆为基本组合，另有杯、壶、纺轮等。玉器有梳背、镯、璜、坠、锥形饰、管、珠等。石器以钺为

卞家山遗址木构码头与河埠头遗迹

主，偶见镞、刀、锛。多座墓葬发现了漆觚痕迹。

两条大型灰沟上下叠压，宽 10 多米，连通南部水域。岸边立有竹篱笆和木桩，北坡见多个垫石埠头，有的用木桩加固。灰沟东端堆积着大量食用后丢弃的螺蛳壳、蛏子壳、蚌壳等，这些生活垃圾应当来自东部通过钻探确认的居住遗迹。灰沟内还出土了大量漆木器，数量之多、种类之丰、保存之好为史前遗址所罕见。

南部水岸共发现 140 多个木桩，总体呈角尺形分布。沿岸的木桩为埠头桩基，呈东西向做三排分布。外伸的木桩为栈桥桩基，个体较大，且呈丛状等距分布，总长约 10 米。两者结合，构成了一处水运码头。周围有遗落的木桨，印证了码头遗迹的存在。

卞家山遗址出土陶屋模型（左）

卞家山遗址出土漆觚（右）

　　卞家山遗址最初为长条形村落，后来被纳入良渚古城外郭城体系，成为其南墙的主体。河沟及南面水滨的淤泥层内发现大量遗物，陶器残片数以万计，并有大量石、木、骨、漆、竹制品等，另采集到大量的猪、鹿、牛等动物骨骼，发现一块带有转角的木骨泥墙残块以及一个陶质房屋模型的屋顶部分，这些为研究良渚文化的建筑形式提供了重要资料。一些黑皮陶器刻有精致的细刻纹和各类符号，盘、觚等漆器制作精美。

　　扁担山遗址南距良渚古城北城墙约 280 米，北距苕溪约 500 米，与其东部约 440 米的和尚地遗址共同构成良渚古城外郭城的北墙。扁担山遗址呈长条形，长约 337 米，宽 67～101 米，海拔约 4 米，相对高度约 1 米。扁担山遗址原为人工堆筑的长方形土台，现为长台

卞家山遗址出土木桨

墩状，长约 280 米、宽约 30 米、高约 1 米。东部的和尚地遗址同样
呈长条形，长约 360 米、宽约 97 米，其中土台现存长约 330 米、宽
15～40 米、高约 1 米。

2012 年 11 月至 2013 年 3 月，在扁担山遗址西部进行了发掘，
发掘面积共 36 平方米，发现了良渚文化时期红烧土堆积 3 处、基槽
1 处、灰坑 1 个、灰沟 1 条。

美人地遗址东西长 270 米、南北宽 30～60 米，海拔 4～5 米，高出周边农田 1～2 米。2010 年 3 月至 2011 年 4 月，对美人地遗址进行解剖发掘，发掘面积为 840 平方米，发现良渚文化时期建筑台基 6 个、木板遗迹 3 处、灰坑 4 个、沟（沟槽）6 条。

发掘显示美人地遗址有大致平行的南北两个长条状土台，北部的土台经过多次扩建和加高，高出现地表；南部的土台形成较晚，沿用时间较短，与现地表近平；两个土台之间为宽约 30 米的古河道。

在台地边缘发现临河而置的木板遗迹。为了防止下陷，其底部先放置了制作规整的枕木和垫木，再在垫木上竖立木板，垫木、枕木均为方木。木板加工规整，部分留有石锛的加工痕迹。在竖立的木板上部和底部方形枕木头端均发现牛鼻孔，或与木材运输有关。

里山遗址位于前山以南，遗址的北段与美人地遗址的南部台地相接，为南北向的长条形台地，南北长 220 米、东西宽 40～50 米，海拔 4～5 米，较周围水稻田高出 1～2 米。2010 年在遗址中部东坡、西坡进行发掘，发掘面积 250 平方米，清理良渚文化灰坑 2 个，未发现房址等遗迹。

美人地遗址木板护岸遗迹

　　美人地、里山、扁担山、卞家山等遗址的底部没有铺垫砾石，是直接堆筑在沼泽地上的。这些遗址都为长条形，以莫角山宫殿区为中心，构成良渚古城的外郭城。

　　通过对四面城墙的解剖发掘，我们知道良渚古城的城墙在良渚文化晚期成为居住地，并在四面城墙的内外城河中堆积了大量良渚人的生活垃圾。城内的莫角山宫殿区边缘也同样堆积了很厚的良渚文化晚期阶段的生活垃圾。古城西南部的文家山、仲家山和南部的卞家山遗址都发现了良渚文化中晚期的墓葬等遗迹，在遗址的最上部发现了良渚文化晚期后段的地层。美人地、扁担山、里山等遗址都是良渚文化

145

晚期堆筑，并经历了若干次加高，一直沿用至良渚文化晚期后段，它们外围两侧的生活废弃物堆积和良渚古城城墙两侧的堆积年代一致。

可见良渚古城的系统结构在良渚文化晚期进一步发展，最终形成以莫角山宫殿区为中心，向外依次为内城城墙、外郭的城市格局。从莫角山宫殿区、城墙到外郭，堆筑高度由内而外逐步降低，显示出一种等级差别，是中国古代都城由内而外的宫城、皇城、外郭三重结构的滥觞。

黄 上

淤 泥

Eighty Years of
Archaeology at Liangzhu

良渚遗址考古八十年

第五章　良渚古城外围水利系统

　　良渚古城北部和西北部分布着由 11 条水坝组成的规模庞大的水利系统，可根据水坝的位置和形态分为山前长堤、低坝系统和高坝系统等三个部分，是良渚古城建设之初统一规划设计的城外有机组成。从古城北部的塘山长堤的东段到最西面的蜜蜂弄，直线距离为 11 千米；从最北段的石坞到最南端的梧桐弄，直线距离为 5.5 千米；从良渚古城的中心莫角山宫殿区到最西端的蜜蜂弄，直线距离为 10 千米。

　　山前长提原称塘山或土垣遗址，位于良渚古城北侧 2 千米，北靠大遮山，距离山脚 100～200 米，全长 5 千米，呈东北—西南走向，是水利系统中最大的单体。从西到东可分为三段，西段为矩尺形单坝结构；中段为南北双坝结构，北坝和南坝间距 20～30 米，并保持同步转折，形成渠道结构，北坝坝顶海拔 15～20 米，南坝略低，坝顶海拔 12～15 米，双坝的东段连接大遮山向南延伸的一条分水岭；分水岭以东为东段，为单坝结构，基本呈直线状分布，连接到罗村、葛家村、姚家墩等一组密集分布的土墩。

高坝系统位于古城西北侧山地的谷口位置，包括岗公岭、老虎岭、周家畈、秋坞、石坞、蜜蜂弄等 6 条坝体。可分为东、西两组，各自封堵一个山谷，形成水库。高坝坝体高程为 30～35 米，因谷口一般较狭窄，故坝体长度在 50～200 米，坝体厚度近 100 米。

低坝系统位于高坝系统南侧约 5.5 千米的平原内，由梧桐弄、官山、鲤鱼山、狮子山 4 条坝体将平原上的孤立小山连接而成，坝体高程约 10 米。坝体长度视小山的间距而定，在 35～360 米不等。高坝与低坝系统之间的库区略呈三角形，面积约 8.5 平方千米，库区地势很低，现今仍为泄洪区。库区东端与塘山长堤相接，共同组成统一的水利系统。

一　从"土垣"到"塘山"

良渚古城外围水利系统的发现和研究工作是从塘山遗址开始的。
1981 年吴家埠遗址发掘之后，浙江省文物考古研究所在遗址现场建
立了工作站。吴家埠遗址位于瓶窑镇西侧，处在大遮山南麓延伸的一
个孤丘西坡。从吴家埠向北，有一条乡村土路翻过孤丘，下坡穿过
一片池塘低地，复上行五六百米，有个北坞水库。1987 年夏天，路
过此地的王明达注意到孤丘北侧这片连续的池塘南部有一东西向的长
垄，从暴露的断面观察，应属人工营建。由于当时无法判断其营建时
代和性状，因此以描述性的名称"土垣"来命名。尽管"土垣"的性
质还无法确定，但仍以塘山遗址作为良渚遗址保护范围的北界。

1995 年，塘山罗村段修路时，在"土垣"断面上发现了良渚文
化时期的碎陶片，塘山遗址应该是与遗址群密切相关的一个大型工
程。1996 年 12 月至 1997 年 1 月，由王明达领队，对塘山遗址的金
村和西中村毛儿弄两个地点进行了 3 次试掘。

其中毛儿弄先由丁品在村道断面东侧的土垣南坡进行了试掘，发
现它由人工逐层堆筑而成，但未见包含物。后赵晔在道路西侧的土垣

北坡进行了试掘，发现底部有块石铺底的现象。

与此同时，方向明在金村的试掘则有重大收获。金村段所在的东西向土垣，也被称为"塘山前"，其南部为"羊后棋"。12月17日，在土墩南部的水稻田布2米×5米南北向探沟1条。据方向明回忆："12月20日，T1结束，为了与土墩地层衔接对照，决定先清理土墩南部断面。那里灌木丛生，我亲自动用山锄，在高出水稻田约70厘米处发现异样石块，可惜被我挖破了一点点，在水田里清洗后大喜过望，原来真是玉料！连忙拍摄场景。收工时天色已晚，费国平和我一起回吴家埠工作站，一进门我就向王老师报告意外消息，王老师也甚喜，当晚，大酒。"随后的发掘出土了不少玉器残件、玉料残块和石质工具。

1997年4—7月，由王明达领队、赵晔具体负责，对金村的探沟进行南北贯通的扩大发掘，发现2座良渚文化墓葬，其中1座随葬钺、璧等玉器。在试掘过程中，对土垣沿线和周边环境进行了调查，根据当地村民对此地的称呼，正式将"土垣"改为"塘山"。

此次试掘解决了此段土垣的年代问题，还意外收获了良渚文化玉器加工相关的重要线索。在年代问题解决之后，土垣的功能自然成为考量的问题。王明达一度在器物标签上将地点标注为"良渚遗址群

塘山金村段出土玉料（左）

塘山金村段出土磨石（右）

'城'（塘山金村段）"，而蒋卫东则撰文认为塘山可能是遗址群外围的城墙。

2002 年 4—7 月，浙江省文物考古研究所对金村段再次进行发掘，在原探沟两侧布方，获得了 460 余件玉石制品，发现了与制玉有关的石砌遗迹 3 处，确认金村段的营建是一个连续堆土加高的过程，并在南部斜坡处用大量块石筑成护坡。

此次发掘令考古人对塘山遗址的性质功能有了比较明确的判断。王明达、方向明、徐新民、方忠华发表于《中国文物报》2002 年 9 月 20 日第 1 版的《塘山遗址发现良渚文化制玉作坊》[1]一文，认为塘

---

①　王明达、方向明、徐新民、方忠华：《塘山遗址发现良渚文化制玉作坊》，《中国文物报》，2002 年 9 月 20 日第 1 版。

山是一处良渚先民人工修筑的防洪堤，其上的制玉作坊是利用塘山地形较高、相对安全的条件选择的地点。这一观点得到了多位学者的认同。鉴于在塘山多处地段发现了墓葬、灰坑、夯土、积石等遗迹，赵晔认为"塘山的文化内涵具有多重功能"。

但是塘山遗址如果作为防洪堤，有一点疑问一直无法解决，即其西部连接到毛元岭山体之后，往南为一条吴家堰的渠道，再往南经过多次调查没有发现山体或坝体，水流又从坝内流向了东苕溪，似乎起不到截流防洪的作用。

2007 年良渚古城发现后，为了解古城的外围结构，于 2008—2009 上半年对塘山遗址进行了新一轮的调查，由王宁远负责。卢西燕、张晓平等在秀才弄（河中村）双层坝体中间的渠道内进行了首次试掘，布设南北向探沟 1 条，北部连接北坝坡脚，意图了解渠道的结构和功能，结构探沟内没有发现任何人工遗物，只发现渠道底部地层夹杂着大量卵石等，无法判定是人工还是自然形成的结果。此后一段时间，塘山遗址陆续进行过局部调查，系统的工作并未展开。

二 高坝系统的发现

2009 年 9 月，有群众举报在遗址群西北的岗公岭有人盗墓，现场暴露大量青膏泥。岗公岭地属瓶窑镇彭公村，位于良渚古城西北约 8000 米的山间，宣杭铁路和新 104 国道在此处转了个近 90°的大弯，沿山谷朝西北方向通往德清。这个山谷南端最窄的位置有个东西向的小山，正好处于铁路转角和公路转角之间的位置，表面长满植物，几乎不能把它和两侧的自然山体区别开来。

接报后，浙江省文物考古研究所刘斌、余杭区文广新局林金木、良渚遗址管理所费国平会同公安部门进行现场勘察，发现该地为一西北—东南走向的"小山"，顶面大部分已经被推平，仅东南存一断坎，高达 7 米多。断面可见其地表覆盖一层 2～3 米厚的黄土外壳，内部全是青淤泥，结构类似豆沙包，可知"小山"实际是人工堆筑而成的遗迹，与两旁自然山体的石质构造不同。其西段被宣杭铁路破坏，东部被新 104 国道西侧旧的岔道叠压，岔道东面已为山体基岩，可见破坏不大。东西向残长约 90 米，南北宽约 80 米，体量巨大。从迹象判断，应不是墓葬，而更像水坝。

岗公岭水坝被取土破坏所暴露之断面

　　文物部门随即对周边山谷进行调查勘探，根据岗公岭的走向和位置特征，又发现了老虎岭、周家畈、秋坞、石坞、蜜蜂弄 5 处类似的遗迹，这些遗迹皆位于两山之间的谷口位置。

　　关于坝体的年代问题，有一个现象引起了我们的关注：在岗公岭断面上偶然发现了一块很碎的良渚时期的夹砂陶片。从考古地层学的角度，表明这条水坝的年代上限不会早于这块陶片所处的良渚时期。其顶部又被东汉墓葬打破，说明其年代在良渚文化到东汉之间。

　　2010 年 1 月，刘斌、王宁远等人至岗公岭进行复查，发现原先

高坝系统东组（岗公岭—老虎岭—周家畈）坝体现状（自南向北拍摄）

的断面因雨水冲刷暴露出大片保存完好的草茎，随即采集了样本送至北京大学进行了碳 −14 测年。刚暴露的草茎呈黄褐色，但很快就氧化成黑褐色。仔细观察发现，每一包的草茎都是顺向分布的，并没有交错叠压，说明这不是编织过的草袋，而是用成束的散草包裹淤泥的。经鉴定，这些草是沼泽环境下常见的"苔"。

同年 7 月，获得的测年数据显示，样本的树轮校正年代为距今 4900 年左右，属于良渚文化早期。尽管只有一个水坝的年代，但根

高坝系统西组（秋坞—石坞—蜜蜂弄）坝体现状（自南向北拍摄）

据形态和分布特征，其他 5 处也有极大可能属于同一时期。因此考古队立刻加大力度，再一次进行深入调查，以探明整体布局，并进行功能研究。通过进一步分析，我们发现高坝系统的 6 条水坝可分为东西两组，其中岗公岭、老虎岭、周家畈构成东部一组，坝高约 30 米；秋坞、石坞和蜜蜂弄构成西部一组。

2000 年，浙江省文物考古研究所曾对蜜蜂弄进行过发掘，当时认为是 "战国大墓"。蜜蜂弄顶部发现了商周时期的硬纹陶片，坝体堆土内发现了零星良渚陶片，底部即为生土地面。坝体堆土内还出土了一把完整的木臿，但当时在良渚文化遗址中从未出土过这样的器形，因此无法断定其功能。近年的考古工作使我们对水坝的堆筑过程有了进一步的了解，推测该木臿是制作草裹泥的工具。遗憾的是，当时未对木臿进行测年，如若当时能进行碳 −14 测年，那么水利系统的发现将提前十几年。

水坝发现后，我们对其性质和作用开展了多学科研究。中国社会科学院考古研究所刘建国、王辉等参与了调查，并利用地理信息系统手段对该系统进行了分析。刘建国通过遥感和地理信息系统分析，认为坝体会在山谷间形成一个山塘水库，而不会分洪到北侧的德清地区。此外，还通过集水面和降雨量的分析，推测高坝可以抵挡 890 毫米的短期降水。

三　上帝之眼 CORONA——低坝系统的发现

尽管塘山和高坝系统发现的原因不同，但都是通过传统的考古调查勘探方法找到的。低坝系统则不同，是运用了遥感技术从卫星图片中找到的。2011 年年初，通过美国加利福尼亚大学洛杉矶分校考古学副教授李旻提供的良渚地区 20 世纪 60 年代的美国卫星影像和实地调查勘探，我们发现了低坝系统。

卫星影像都是倾斜拍摄的，其光影角度的选择正好符合我们的要求。同时，20 世纪六七十年代本地区农村烧饭尚未开始使用液化气，村民都要上山砍柴，所以山体上植被很少，地形凸显。当时也还没有开展大规模的基础建设，原始地貌保存较好。

这张卫片画面呈长条形，西起余杭百丈，东到海宁许村，北达超山北侧，南至笕桥机场，拍摄面积达 1000 平方千米。拍摄时间为 1969 年 2 月 11 日，正是冬季自然植被较少的季节。影像的分辨率很高，精度大约 0.6 米。根据拍摄时间和分辨率推测，可能是锁眼系列中第二代的 KH-7 卫星拍摄的。

据水利系统发掘领队王宁远回忆，[①] "查看此卫片，本意是查找有无遗漏的高坝。已经确认的坝体具有一个明显的形态特征：坝体一般分布在两个山体之间最狭窄的谷口位置，在卫片上看起来呈细长形，类似哑铃把手或者字母 H 中间那个短横。在一次又一次的查看卫片过程中，发现画面上两个近圆形的山体间连着很长的一条垄，看形状很可能是人工堆筑的。其东部为新 104 国道，再往东为南山和栲栳山。尤其是通过栲栳山居然连上了毛元岭和塘山！这就意味着，如果这个是良渚的坝，那它们和塘山就构成了一个整体！我们随即派出祁自立前往勘探。经过勘探证实，那条长垄果然是人工堆筑的坝。其东西两侧，还另有两条人工短坝。其中东侧一条已经被新 104 国道截断，西侧那条则非常短，卫片不仔细看很难发现。这三条坝，后来被我们命名为狮子山（东）、鲤鱼山（中）和官山（西）。

"根据对卫片的进一步观察，又发现水坝系统有继续向西延伸的迹象，并向北延伸着大片的低丘，直抵高坝附近。在三个坝西面的后潮湾到黄河头之间出了三四个新的疑似点，最终在梧桐弄根据钻探出的草裹泥得到了确认。

---

① 王宁远：《寻找消失的文明——良渚水坝发现记》，《杭州文博》第 21 辑（良渚古城遗址申遗特辑），浙江古籍出版社，2018 年。

低坝系统（狮子山—鲤鱼山—官山）坝体现状

　　"由此，南侧的这组水坝就被完整揭露出来，因为它们的坝顶高度在10米左右，我们称为低坝系统。它们通过栲栳山、毛元岭等自然山体，最终和塘山连接，构成了南线的大屏障，与北部山谷间的高坝群形成呼应。这一发现使我们认识到塘山并非独立的水利设施，而是整个水利系统的一部分。至此，整个良渚古城外围水利系统的框架基本显现出来"。

四 水坝的发掘

水坝系统的年代问题一直是学术界关心的问题。11 条水坝中，塘山早年经过多次发掘，上部发现良渚文化墓葬和制玉作坊，属于良渚文化无疑；其他坝体都未进行过发掘，没有地层依据，坝体又都由生土堆筑，几乎不见遗物，因此采取了碳 −14 测年的方法。

2013 年夏，我们将 7 个水坝（当时梧桐弄尚未发现，塘山、官山无样本，岗公岭已测）共 15 个样品送至北京大学检测。石坞样品因有机质含量太低无法检测，其余 6 条水坝 11 个样品得出结果，经树轮校正后数据全部距今 5000 ～ 4700 年，属于良渚文化早中期。其间，岗公岭的 2 个样本又送至日本年代学研究所做了测定，结果和北大的数据只差了十几年，证实这些结论准确可信。2017 年 7 月，我们再次将包括塘山、梧桐弄、官山、石坞、蜜蜂弄在内的所有坝体全部取样送至北京大学检测，获得的 14 个数据全部距今 5000 ～ 4900 年，具有高度一致性。因此我们可以很有把握地说，水利系统是距今约 5000 年时统一规划和建设的。

2014 年年底，作为科技部"中华文明探源工程"都邑子课题的承担单位，我们根据课题组的要求，结合早年对塘山的调查发现，撰写了《杭州市良渚古城外围水利系统的考古调查》一文，并发表在《考古》2015 年第 1 期，在考古界引起了极大的关注。

在水利系统中，塘山在 1995 年就被划入良渚遗址保护范围内。而高坝系统和低坝系统则全部在保护区之外，面临着建设破坏的严重威胁，缺乏保护的法律依据。水利系统除塘山外均只有通过碳 −14 测年获得的绝对年代数据。碳 −14 测年数据本身即有一定的误差，仪器、样品污染等各种原因有时候甚至会导致误差极大，所以考古界对单纯依靠测年手段来断定年代持保留态度。在实际工作中，除了测年数据外，最好还有地层依据。因此必须经过发掘提供科学的依据，才能将其纳入文物保护的体系中。2014 年的一次意外破坏促使我们加速了对水坝的正式发掘。

2015 年，浙江省文物考古研究所向国家文物局提交了发掘申请，拟对高坝系统和低坝系统各选择一个地点进行发掘。2015 年因 104 国道扩建，由赵晔进行了第一次发掘，在狮子山低坝区发掘了 290 平方米，仅在坝体内发现一小片良渚陶片，这只能证明水坝不会早于良渚文化时期。

2015 年年底，在低坝系鲤鱼山北侧和高坝系统老虎岭分别进

老虎岭断面草裹泥分区现象（左）
古尚顶西南坡清理的单个草裹泥（右）

行的发掘，由王宁远担任领队，南京大学黄建秋教授和山东大学郎建锋具体实施。

郎建锋主持发掘的老虎岭坝体北侧原来因为当地农民取土，形成一个断坎，坎上暴露出草裹泥的痕迹，人工堆筑迹象非常明显。并且这些草裹泥有分区的现象，各区的数量正好与当时竹筏的运量大致相同，这或许表明铺筑时草裹泥是由不同的地点运送过来的，一到即铺筑，没有统一堆料的过程。

山东大学考古队分别在北侧断坎下和西侧与山体交界处布了 2 条探沟，并将整个断坎铲刮干净。结果在西侧探沟内，幸运地找到了一个叠压于坝体的良渚文化时期的灰沟。灰沟内出土了几块碎陶片，经仔细辨认是良渚文化晚期典型的 T 字形鼎足、侧扁足、盍足的残片，

草裹泥制作流程复原

还有一块石刀的碎片。这三块碎陶片证明了水坝的堆筑年代不晚于良渚文化晚期，在双重证据下，水坝属于良渚文化时期就确认无疑了。作为判定水坝相对年代的重要遗物，这三块陶片被郎建锋慎重地用锡箔纸单独包好，送至王宁远领队处确认。

2016 年，良渚古城遗址外围水利系统考古调查与发掘不仅荣获2011—2015 年度"田野考古奖"一等奖，也入选了 2015 年全国十大考古新发现。严文明在全国十大考古新发现评选会上点评："良渚古城的十大发现以往已经评过很多了，如果是一般重要的遗址，就不

G3出土物

老虎岭探沟内 G3 出土陶片

会评给它了，但是良渚的水坝实在是太重要了。中国原来有大禹治水的传说，现在良渚水坝比它还早了 1000 年，那不评给它，还评给谁呢？"

　　同年 5 月 21 日，在郑州举行的首届中国考古大会上，作为田野考古奖获奖项目，良渚水利系统项目组做了大会演讲。由此，良渚水利系统正式在国内外公布，产生了巨大的影响。国内外众多考古学家、水利学家纷至沓来，专程参观、考察水利系统。

2017年1月，高坝和低坝系统正式列为浙江省文物保护单位；3月，水利系统纳入良渚申遗范围；5月，杭州绕城西复线工程因避让水利系统而改道；7月，在岗公岭东部发现了一处溢洪道，国内顶尖水利专家召开研讨会，确认水利系统"具有拦蓄水功能，山间的天然隘口具有溢洪道作用，各坝组合形成了具有上下游两级水库的较完整的水利系统"[1]。

水利系统的发现与研究证实除良渚古城的宫殿、内城、外城的三重结构之外，还有一个规模宏大的水利系统，面积达100平方千米，是2007年良渚古城发现之后，良渚考古的又一次重大发现。

水利系统在中国和世界文明史研究上具有重要意义。世界各地早期文明的出现，都与治水活动关系密切。良渚古城是中国境内最早进入国家形态的地点，是中华5000年文明的实证。而良渚古城外围的水利系统和古城在空间和时间上具有不可分割的密切关系，对研究良渚古国的出现和发展乃至中华文明的起源都具有极重要的意义。[2]

......

[1]　王宁远：《寻找消失的文明——良渚水坝发现记》，《杭州文博》第21辑（良渚古城遗址申遗特辑），浙江古籍出版社，2018年。
[2]　浙江省文物考古研究所：《良渚古城综合研究报告》，文物出版社，2019年。